Supervision Essentials for

the Critical Events in Psychotherapy Supervision Model

수퍼비전의 필수요소 :

주요 사건 수퍼비전 모델

Nicholas Ladany, Myrna L. Friedlander, Mary Lee Nelson 공저

신성만 · 김향미 · 추교현 · 이영희 공역

박영story

임상 수퍼비전 모델 시리즈

정신역동 심리치료 수퍼비전 모델

Joan E. Sarnat

통합 개발 수퍼비전 모델

Brian W. McNeill and Cal D. Stoltenberg

여성주의 심리치료 수퍼비전 모델

Laura S. Brown

시스템적 접근 수퍼비전 모델

Elizabeth L. Holloway

주요 사건 수퍼비전 모델

Nicholas Ladany, Myrna L. Friedlander, and Mary Lee Nelson

추천사

훈련 중인 수퍼바이저나 수퍼비전 과정을 진행하는 사람이라면, 이 책을 꼭 읽어볼 것을 권합니다. 이 책의 저자들은 전문 수퍼바이저이자 교육자이며, 연구자입니다. 이들은 수퍼비전에 있어서 경험적인 근거를 가진 아이디어들을 제공합니다. 이 책은 읽기 쉽고, 권위 있으며, 관심이 커지고 있는 이 분야의 중요한 선택이 될 것입니다.

—Clara E. Hill, PhD, 메릴랜드 대학교 심리학부

저자들은 심리치료 수퍼비전을 수행하기 위한 실용적이고 현명한 로드맵을 제공하기 위해 수퍼비전 분야에서 중요한 공헌을 한 수퍼비전 문헌들을 활용하고 있습니다. 매우 매력적인 이 책은 '주요 사건'이 수퍼비전의 중심 '내용'으로 등장합니다. Ladany, Friedlander 및 Nelson은 수퍼비전에서 이러한 주요한 사건을 포착하고 성공적으로 탐색하는 데 도움을 주고자 하였습니다.

그들은 이 책을 통해 모델 개발과 임상 사례 제시를 균형 있게 제공하였고, 이는 초보 혹은 경험 많은 수퍼바이저 모두에게 환영받을 것입니다.

—Janine M. Bernard, PhD, 시러큐스 대학교 상담 및 상담 교육 명예 교수, 상담 교육 및 수퍼비전 협회의 레거시상 수상자, 임상 수퍼비전 모델 시리즈의 공동 저자

Ladany, Friedlander 및 Nelson은 임상 장면에서 수퍼바이저가 실제로 직면하게 되는 과제에 공감할 수 있는 리소스를 제공했습니다. 수퍼비전의 네 가지 주요한 사건은 이 책의 기초이며 수퍼비전 과정의 복잡성을 크게 상기시킵니다. 수퍼비전에서의 역할 갈등, 기술 결여, 병렬 과정 및 문화적 감수성에 대한 저자들의 개념화와 해결은 수년간의 경험적 작업과 실천적 지혜에 기반합니다. 실무자들은 딜레마에 빠졌을 때 이 책을 참조하여 해결을 위한 신중하고 명확한 접근 방식을 찾을 수 있을 것입니다.

—Elizabeth L. Holloway, PhD ABPP, 앤티오크 대학원 박사

이 책은 실증적 연구와 저자의 광범위한 임상 경험을 바탕으로 효과적인 수퍼비전을 위한 매우 유용하며 접근 가능한 모델을 제시합니다. 그리고 사례 예시와 대본을 사용하여 어려운 상황을 설명함으로써 실제 수퍼비전 진행에 대한 명확하고 실용적인 지침을 제공합니다. 저는 이 책을 수퍼바이저와 초심 수퍼바이저 모두에게 강력히 추천합니다.

—Tony Rousmaniere, PsyD, 워싱턴 대학교, 임상 교수

역자 서문

이 책의 저자인 니콜라스 라다니, 미나 L. 프리드랜더, 마리 리 넬슨은 유능한 수퍼바이저들로 수퍼바이저들을 위한 수퍼바이저이다. 이들은 수퍼비전에서 특정 딜레마적 상황을 유능하고 전문적으로 다룰 수 있는 수퍼비전 모델을 개발하였다. 수퍼비전 상황에서 일어나는 역할 갈등, 기술 부족 및 역량 문제 해결, 병렬과정, 다문화 인식의 제고와 같은 이슈를 이 책의 모델(핵심 원칙과 기술, 구조와 과정)을 통해 해결하는 과정을 사례를 들어 이해하기 쉽도록 제시하였다. 책 초반에 저자의 개인적인 여정에서 언급하듯이 이들 모두는 더 나은 수퍼비전에 대한 갈망이 있었고, 효과적인 수퍼비전에 대한 지속적인 호기심과 탐구심을 가지고 전념하였다. 이 책은 이러한 저자들의 헌신의 결과물이라 할 수 있다.

책의 역자들 또한 다양한 장면에서 수퍼비전을 제공하면서 좀 더 나은 수퍼비전에 대한 갈망이 있었다. 하지만 국내에는 체계적이고 전문적인 수퍼비전 기술을 익힐 수 있는 수퍼바이저를 위한 자료, 도서, 연구 등이 아직은 미비하다. 책에서 언급하듯이 나쁜 수퍼바이저는 좋은 수퍼비전을 하기가 어렵다. 수퍼바이저의 퇴보는 곧 낮은 질의 수퍼비전 제공과 수퍼바이지, 나아가서는 내담자의 복지까지 위협하게 된다. 유능한 수퍼바이저가 되는 길은 끊임없이 자신의 역할에서의 유능성을 확보하고 성장하는 것이다. 어느 정도의 전문성을 가진 것에 만족하지 않고 더 배우고 자라는 수퍼바이저로서의 갈망이 현재의 책을 함께 번역하게 된 중요한 동기가 되었다.

다양한 수퍼비전 모델 중 이 책에서 언급되는 모델의 탁월한 부분은 과업 분석 접근 방식인데, 수퍼비전에서 일어나는 '주요 사건'이라는 이름으로 일어나는 딜레마적 상황을 효과적으로 해결하는 전략을 제시한다는 점이다. 차를 타고 목표한 곳을 가려고 할 때 내비게이션은 훌륭한 길잡이가 된다. 특히나 길을 잃었을 때 내비게이션만큼 귀한 도구가 어디 있겠는가. 수퍼바이저도 때론 길을 잃을 때가 있으며, 목표를 눈앞에 두고도 방황할 때도 있다. 이 책은 이러한 수퍼바이저들에게 훌륭한 내비게이션의 역할을 하게 될 것이다.

심리치료 및 상담 영역의 수퍼비전이라는 고도로 전문적인 영역의 저서를 번역하는 것은 쉽지 않은 도전이지만, 역자들의 전문성을 적절히 녹여내어 독자들이 원서의 내용을 더 잘 이해하도록 번역하려고 노력하였다. 이 책의 역자들인 김향미, 추교현, 이영희는 박사과정의 제자들이면서, 동시에 유능한 상담가들이기도 하다. 함께 수고의 즐거움과 기쁨을 나눌 수 있어 감사하다는 말을 전하고 싶다. 귀한 책을 출판할 수 있도록 지원을 아끼지 않은 박영스토리의 노현 대표님과 전채린 차장님 그리고 김다혜 대리님께 감사의 마음을 전한다.

2025년 봄
포항 연구실에서
역자 대표 신성만

차례

임상 수퍼비전 모델 시리즈 소개

이 시리즈를 펼쳐낸 우리 둘은 모두 임상 수퍼바이저이다. 우리는 상담사를 위한 수퍼비전 과정에 대해 가르친다. 그리고 수퍼비전에 대한 워크숍을 열고 수퍼바이저들과 그들의 수퍼비전 실천에 대해 논의한다. 또한 그 주제에 대해 글을 쓰고 연구를 한다. 우리가 삶의 대부분에서 수퍼바이저 역할만을 한다는 것은 조금 과장 될 수는 있지만, 그 분야에 전적으로 전념하고 있으며 수퍼바이저들에게 가장 많은 정보를 제공하고 도움이 되는 지침을 제공할 수 있도록 돕고 있다. 또한 우리는 수퍼바이저, 컨설턴트, 훈련생들이 수퍼비전 프로세스에서의 책임을 이해하여 더 나은 협력자가 될 수 있도록 돕는 데 힘쓰고 있다.

수퍼비전이란 무엇일까? 수퍼비전은 심리치료 장면에서 매우 중요하다. 에드워드[1])가 '심리치료 수퍼비전 핸드북'에서 다음과 같이 언급하기도 하였다. "심리치료 수퍼비전 작업이 없다면, 심리치료의 실천은 매우 의심스러울 것이고, 사라져야 할 수도 있다."(p.603)

수퍼비전은 다음과 같이 정의되어왔다.

1) Watkins, C. E. , Jr. (Ed.). (1997). *Handbook of psychotherapy supervision*. New York, NY: Wiley.

일반적으로(항상 그렇지는 않지만) 같은 직업의 상급 구성원이 하급 구성원 또는 동료에게 제공하는 중재이다.

- 이 때문에 평가적이고 계층적이다.
- 그리고 시간이 지남에 따라 확장된다.
- 하위 구성원의 전문적 기능을 향상시키는 동시에, 그들의 클라이언트에게 제공되는 전문 서비스의 질을 모니터링하는 목적을 가지고 있다. 수퍼바이저는 특정 직업의 문지기(gatekeeper) 역할을 한다. (p.9)[2)]

수퍼비전이 그 자체로 '분명한 활동 영역'이라는 것은 이제 문헌에서 널리 인정받고 있다.[3)] 훌륭한 상담사가 되는 것이 뛰어난 수퍼바이저가 되는 것이라고 가정할 수는 없다. 또한 좋은 수퍼바이저들이 학문적이고 교훈적인 수단만을 통해 수퍼비전하는 방법에 대해 '교육'될 수 있다고 상상할 수도 없다.

그렇다면 어떻게 하면 좋은 수퍼바이저가 될 수 있을까?

수퍼비전은 이제 심리학자 및 기타 정신 건강 전문가의 핵심 역량 영역으로 인식되고 있다.[4)5)] 수퍼비전에 대한 가이드라인들은 국제적

---

2) Bernard, J. M., & Goodyear, R. K. (2014). *Fundamentals of clinical supervision* (5th ed.). Boston, MA: Pearson.

3) Bernard, J. M., & Goodyear, R. K. (2014). *Fundamentals of clinical supervision* (5th ed.). Boston, MA: Pearson.

4) Fouad, N., Grus, C. L., Hatcher, R. L., Kaslow, N. J., Hutchings, P. S., Madson, M. B., . . . Crossman, R. E.(2009). Competency benchmarks: A model for understanding and measuring competence in professional psychology across training levels. *Training and Education in Professional Psychology*, 3 (4 Suppl.), S5-S26. http://dx.doi.org/10.1037/a0015832

5) Kaslow, N. J., Rubin, N. J., Bebeau, M. J., Leigh, I. W., Lichtenberg, J. W.,

으로 널리 퍼져있는 전문가 그룹에게 질 높은 수퍼비전을 촉진하기 위해 작성되었다(예: 미국 심리학회,[6] 미국 결혼 및 가족 치료 학회,[7] 영국 심리학회,[8][9] 캐나다 심리학회[10]).

정신건강 서비스의 임상 수퍼비전 가이드라인[11]은 몇 가지 가정을 기반으로 만들어졌다.

구체적인 내용은 다음과 같다.

Nelson, P. D., . . . Smith, I. L.(2007). Guiding principles and recommendations for the assessment of competence. *Professional Psychology: Research and Practice, 38*, 441-51. http://dx.doi.org/10.1037/0735−7028.38.5.441

6) American Psychological Association. (2014). *Guidelines for clinical supervision in health service psychology*. Retrieved from http://www.apa.org/about/policy/guidelines−supervision.pdf

7) American Association of Marriage and Family Therapy. (2007). *AAMFT approved supervisor designation standards and responsibilities handbook*. Retrieved from http://www.aamft.org/imis15/Documents/Approved_Supervisor_handbook.pdf

8) British Psychological Society. (2003). *Policy guidelines on supervision in the practice of clinical psychology*. Retrieved from http://www.conatus.co.uk/assets/uploaded/downloads/policy_and_guidelines_on_supervision.pdf

9) British Psychological Society. (2010). *Professional supervision: Guidelines for practice for educational psychologists*. Retrieved from http://www.ucl.ac.uk/educational−psychology/resources/DECP%20Supervision%20report%20Nov%202010.pdf

10) Canadian Psychological Association. (2009). *Ethical guidelines for supervision in psychology: Teaching, research, practice and administration*. Retrieved from http://www.cpa.ca/docs/File/Ethics/EthicalGuidelinesSupervisionPsychologyMar2012.pdf

11) American Psychological Association. (2014). *Guidelines for clinical supervision in health service psychology*. Retrieved from http://www.apa.org/about/policy/guidelines−supervision.pdf

- 공식적인 교육 및 훈련을 실시한다.
- 내담자에 대한 돌봄과 공적인 보호를 가장 우선시한다.
- 수퍼바이지의 역량 습득 및 전문적 발달에 초점을 맞춘다.
- 수퍼바이저가 수퍼비전의 기초능력, 기능역량을 확보해야 한다.
- 최신 근거 기반에 관련된 수퍼비전 및 수퍼비전 역량을 수행한다.
- 촉진적 및 평가적 요소를 포함하고 필요에 따라 수립, 유지 및 교정될 수 있는데, 이는 존중과 협력이 있는 수퍼비전 동맹 관계에서 수행한다.
- 수퍼바이저 및 수퍼바이지의 책임을 다한다.
- 전문적 실무의 모든 측면에서 다양성의 차원을 점진적으로 적용하고 통합한다.
- 가치관, 태도, 신념, 대인관계 편견 등 직업적, 개인적 요인에 의해 영향을 받는다.
- 윤리적 및 법적 기준에 따라 수행한다.
- 발달 및 강점 기반 접근 방식을 사용한다.
- 수퍼바이저 및 수퍼바이지의 성찰적 실천과 자기 계발을 제공한다.
- 수퍼바이저와 수퍼바이지 간에 양방향 피드백으로 진행된다.
- 수퍼바이지의 예상되는 역량 획득 평가가 실시된다.
- 전문가를 위한 직업적 문지기 기능을 제공한다.
- 상담, 개인심리치료, 멘토링과는 구별된다.

수퍼비전의 중요성은 수퍼바이저를 인증하는 주 법(state laws)과 규정들의 증가로 잘 알 수 있다. 또한 모든 전문 프로그램에서 대학원생들이 이수해야 하는 다양한 수퍼비전 실무와 인턴십을 요구하는 것으로 증명[12)]될 수 있다.

실무자들 사이에서는 높은 수준으로 수퍼비전에 대한 책무가 보급된다는 것을 확인했는데, 구체적으로 모든 상담사의 85%에서 90%가 실습 후 15년 이내에 임상 수퍼바이저가 된다.

이제 우리는 좋은 수퍼비전의 필요와 많은 보급의 필요에 대한 중요성을 알게 되었다. 이에 따른 능숙한 실천에 대한 가이드라인과 목표에 대한 목록도 가지게 되었다. 하지만 이것이 좋은 수퍼바이저가 되기에 충분한지를 생각해보면 그렇지 않다. 배움에 가장 좋은 방법 중 하나는 높은 평가를 받는 수퍼바이저, 즉 그 분야의 전문가이며 무엇을, 언제, 왜 해야 하는지 알 수 있는 절차적 지식[13)]을 가진 사람들로부터 배우는 것이다.

이 부분은 우리가 이 시리즈를 만드는 동기로 이어진다. 우리가 임상 수퍼비전을 지도하고, 가르치고, 연구하는 데 도움이 되는 자료들을 살펴보았을 때, 전문 수퍼바이저의 렌즈를 통해 지도적, 경험적 형태로 수퍼비전에 필수적인 모델을 제시하려는 노력이 부족하다는 것에 놀랐다. 자료들에서 필요한 것은 해당 분야의 전문가들, 즉 지식과 실무 능력을 갖춘 사람들이 읽기 쉽고 접근 가능하며 간결한 방식으로 접근 방식의 기본을 제시하고 실제 수퍼비전 세션에서 무엇을 하는지 보여주는 장이었다. 즉, 모범 사례를 공개적으로 보여주는 것이다.

---

12) Rønnestad, M. H., Orlinsky, D. E., Parks, B. K., & Davis, J. D. (1997). Supervisors of psychotherapy: Mapping experience level and supervisory confidence. *European Psychologist*, 2, 191-201.

13) Schon, D. A. (1987). *Educating the reflective practitioner: Toward a new design for teaching and learning in the professions*. San Francisco, CA: Jossey-Bass.

이 시리즈는 바로 그것을 위한 시도이다. 우리는 수퍼비전 실천에 대한 주요 접근 방식인 이론적 지향과 메타이론적 접근 방식을 고려했다.

우리는 수퍼비전 분야에서 국내외로 활동하는 심리학자, 교사, 임상 수퍼바이저, 연구자를 조사했다. 그리고 그들에게 주요 특정 모델과 이 분야의 전문가를 추천해달라 요청했다. 또한 이들에게 수퍼비전 세션에서 일반적으로 해결해야 하는 주요 문제를 선별해 줄 것을 요청했다. 이러한 의견들의 합의 과정을 통해 실무 모델을 개발했을 뿐만 아니라 수년 동안 임상 수퍼바이저로서 활약했던 11명의 수퍼비전 전문가들로 구성된 드림팀을 만들었다.

우리는 각 전문가에게 감독에 대한 자신의 접근 방식을 설명하는 간결한 책을 쓰도록 요청했다. 여기에는 필수적 관점과 핵심 원리, 방법과 기술 및 관련된 구조 및 프로세스, 모델에 대한 연구 증거, 일반적인 수퍼비전 문제가 처리되는 방법이 강조되어 있다. 또한, 실제 세션의 녹취록을 포함하여 감독 세션을 자세히 설명하는 장을 할애하였는데, 각 저자에게 수퍼비전의 과정을 설명하도록 요청하여, 독자들이 실제 수퍼비전 장면에서 모델이 어떻게 생생히 적용되는지 볼 수 있도록 하였다.

이 책들 외에도, 각 전문가는 수퍼바이지과 함께 실제 수퍼비전 세션을 촬영하여 접근 방식이 실제로 시연될 수 있도록 했다. APA Books는 이러한 비디오를 시리즈로 제작했으며 DVD(http://www.apa.org/pubs/video)로 제공한다. 이러한 각 책과 비디오는 함께 또는 독립적으로, 시리즈의 일부로, 또는 단독으로, 수퍼비전 방법을 배우고자 하는 독자를 위해, 지식을 깊게 하고자 하는 수퍼바이저를 위해, 더 나은 수퍼바이지가 되고자 하는 훈련생을 위해, 수퍼비전 과정의 교사들을 위해, 그리고 이 과정을 조사하는 연구원들을 위해 사용될 수 있다.

이 책에 대해

'주요 사건 수퍼비전 모델'의 저자인 라다니, 프리드랜더, 넬슨(Ladany, Friedlander, Nelson)은 이론적이고 경험적으로 정보를 제공하는 실천 기반 프로세스 지향 접근 방식을 설명한다. 그들의 목표는 수퍼비전에서 맞닥뜨리는 복잡성에 효과적으로 대처하는 데 있어서 대응적인 수퍼바이저가 되는 것이 무엇을 의미하는지 설명하고, 구체화하는 것이다. 건강한 수퍼비전 관계 내에서, 구축된 범이론적 모델을 사용하여, 독자는 수퍼바이저(및 수퍼바이지)가 역할 갈등과 모호성을 해결하는 방법, 어려운 교육생을 다루는 방법, 병렬 과정을 사용하는 방법, 다문화 문제에 민감해지는 방법, 도전적인 수퍼비전 등 몇 가지 공통적이지만 어려운 수퍼비전에서 마주치는 딜레마를 처리하는 데 도움이 되도록 설계된 일련의 단계를 살펴볼 수 있다. 그리고 이러한 '과업 분석 접근 방식'의 핵심 원칙과 기술을 수많은 수퍼비전 사례를 통해 생생하게 전달하고 있다. 이 책을 읽는 것은 이러한 경험이 많은 수퍼바이저, 수준 높은 연구자, 그리고 훌륭한 선생들이 수퍼비전 작업의 중요한 선택 지점('주요 사건')에서 어떤 전략이 가장 효과적인지에 대해 독자들에게 직접 이야기를 들려주는 것과 같다. 특히, 수퍼비전 회기 내에 일어나는 상호 작용에서 사용할 수 있는 수퍼비전 능력을 향상시키기를 원하는 이들은 반드시 읽어야 할 내용이다.

이 책에 대한 독자들의 관심에 감사하며, 이 시리즈에 수록된 책들로 여러분의 능력이 고무적이고 적절한 방법으로 향상되기를 바란다.

Hanna Levenson and Arpana G. Inman

서론

Introduction

'주요 사건 수퍼비전 모델(Ladany T Friedlander, & Nelson, 2005)'은 정신건강 실무자 훈련 장면이나 심리치료 장면에 있는 수퍼바이저를 위한 것이다. 이 책을 통해, 우리는 임상 장면에서 발생하는 특정 딜레마 상황에 본 모델을 응용할 수 있는 방법뿐만 아니라 치료적 접근 방식에 대한 일반적인 소개를 접할 수 있다. 특정 딜레마에는 역할 갈등 및 모호성 처리, 기술 곤란 및 결여 해결, 병렬과정을 통한 작업, 다문화 인식 제고 등이 포함된다. 관심 있는 독자들은 라다니(2005)의 연구에서 몇 가지 다른 주요 사건(예: 역전이 관리, 성별 관련 오해 해결, 문제 있는 태도 및 행동 해결)에 대한 논의도 찾을 수 있다.

우리의 실무 기반 접근 방식은 이론적 및 경험적 정보를 바탕으로 한다. 주요 사건은 다양한 이론적 접근방식 전반에 걸쳐 적용 가능하지만, 접근방식의 대인관계 측면의 기반은 대인관계, 현대 정신분석학 및 인본주의적 접근을 반영하고 있다(Bromberg, 1982; Friedlander, 2012, 2015; Gill, 2001; Greenberg, 1983; Sarnat, 2016; Skovholt & Ronnestad, 1992).

우리는 내담자, 수퍼바이지 및 수퍼바이저가 모두 수퍼비전 및 치료 과정에 대한 이해에 적극적인 참여자라고 가정한다. 또한 우리의 경험적이고, 이론적인 수퍼비전 작업들은 특정 딜레마나 주요 사건들을 고르는 데 영향을 주었다.

책의 개요

1장에서는 모델의 기반이 되는 과제-분석 패러다임을 소개하였다. 우리는 모델의 핵심 원칙(예: 수퍼비전 작업 동맹 모델을 사용하여 관계를 정의함), 방법과 기술(예: 수퍼바이저가 수퍼바이지를 참여시키기 위해 사용할 수 있는 개입 및 목적을 가진 상호작용), 그리고 수퍼비전 구조와 과정에 대해 정의하고 책의 나머지 부분은 예시와 그림, 표로 설명하였다. 이러한 내용은 수퍼바이저의 역량 문제, 갈등 및 수퍼비전 내 다문화 개념의 해결뿐만 아니라 이러한 문제 간의 상호작용과 같은 일반적인 수퍼비전 문제를 처리할 수 있는 방법을 제공한다.

수퍼비전에는 수많은 작업이 수반되지만, 우리는 처리해야 할 주요 작업이 있는 특정 사건이나 에피소드를 대상으로 한다. 라다니 외(2005)에서 그리고 주요 사건 모델에 대한 후속 글에서, 우리는 (a)기술적 곤란과 결여의 교정, (b)다문화 인식의 제고, (c)역할 갈등 해결, (d)역전이를 통한 작업, (e)성적 매력 관리, (f)성별 관련 오해 수정 그리고 (g)수퍼바이저의 문제 있는 태도와 행동 대처를 포함하는 10가지 주요 사건을 정의했다. 이 책의 2장, 3장, 4장에서는 역할 갈등 해결(2장), 기술 부족 및 역량 문제 해결(3장), 병렬과정 및 다문화 인식 제고(4장)의 네 가지 중요한 사건에 초점을 맞추었다. 또한, 4장에서는 두 사건이 중복되는 방식을 설명하였다.

5장에서는 모델에 대한 추가 의견을 제시하였다. 특히, 우리는 주요 사건 모델을 어떻게 수퍼바이저의 훈련을 위해 사용할 수 있는지 고려하고 모델을 뛰어넘는 효과적인 요소와 비효과적인 수퍼비전 요소를 설명했다. 또한 모델의 연구와 향후 모델이 연구될 수 있는 방법에 대한 섹션을 제공하였다. 5장에서는 니콜라스 라다니가 임상 실습생과 함께 비디오로 촬영한 수퍼비전 세션에 대한 면밀한 분석도 포함하였다.[1] 또한 이 책에는 유용한 자료 목록이 포함되어 있으며, 이러한 자료가 우리 모델의 다른 측면들에도 관심이 있는 독자에게 어떻게 도움이 될 수 있는지에 대한 정보도 포함하였다.

수퍼바이저가 되기 위한 여정

본 수퍼비전 모델에 대한 맥락을 추가로 제공하기 위해, 우리는 수퍼바이저가 되기 위한 저자들의 개인적인 여정에 대한 요약을 제공하였다. 우리에게 있어, 전문 수퍼바이저가 되는 것은 성취를 이룬 결과라기보다 스스로에게 포부가 되는 직업적인 평생의 과정이기 때문이다.

니콜라스 라디니: 라다니 박사는 운이 좋게도 전문 수퍼비전 학자, 교육자, 그리고 실무자가 되기 위한 그의 여정에 대해 글을 쓸 수 있었

1) 주요 사건 수퍼비전 모델 DVD는 APA의 https://www.apa.org/pubs/videos/4310956에서 구입할 수 있습니다.

다. 그의 글을 살펴보면, 수퍼비전 실천가로서의 특성을 드러내는 세 가지 일반적인 주제가 있는 것 같다. 첫 번째 주제는 독서와 공부를 통해서 방법을 배우는 것이다. 그는 수퍼비전 과정을 밟은 적이 없다. 그러나 박사과정 학생으로서 그는 두 명의 교수진과 함께 공부할 수 있는 기회가 있었다. 마이클 엘리스와 미키 프리드랜더, 두 명의 최고 수퍼비전 학자와 함께 일할 수 있는 기회를 갖는 것은 의심할 여지 없이 놀라운 배움의 기회였다. 사실, 수퍼비전 연구에서의 그의 작업은 임상가로서 실제 경험보다 앞서 있었다. 수퍼비전 이론과 연구를 검토한 후 교수 멘토들을 확보함으로써 스스로 발전할 수 있었다. 적어도 수퍼비전에 대한 이론적이고 경험적인 이해, 특히 그는 수퍼비전 문헌에서 비판적으로 보는 관점을 배웠고, 입증되지 않은 것들에서는 실질적으로 관련이 있는 발견들을 찾아냈다.

라다니 박사의 수퍼바이저에 대한 두 번째 주제는 무능하고 학대적인 수퍼바이저로부터 해서는 안 될 일을 배우는 것이었다. 그도 시간이 지나면서 알게 되었지만, 그가 형편없고 해로운 수퍼비전(예: 인종차별주의자, 성차별주의자, 동성애 혐오, 나르시시즘 및 또는 정신병리학적 수퍼바이저)을 경험했던 유일한 사람은 아니었다. 처음에 그는 자신이 개인적으로 겪은 힘든 일이라고 생각했지만, 그 일들로 하여금 그러한 경험들이 더 큰 현실을 반영할 수 있음을 알게 되었다. 다시 말해, 수퍼비전에 대해 설명하고 연구하면서, 그는 많은 수퍼바이지들이 좋지 못한 수퍼비전에서 심지어 유해한 수퍼비전까지 경험한다는 것을 알게 되었다. 사실, 그는 수퍼바이저들의 약 1/3은 효과적이고, 1/3은 상냥하며, 1/3은 무능하다고 추정했다. 임상 현장에서 볼 수 있는 슬픈 단면이다. 하지만 그는 또한 이것이 대부분의 직업(의사, 변호사, 배관공)에 적용되는 것이라 생각했다. 어려운 점은 수퍼바이저와 치료사의 경우 심리적인 위해가 수련 부족으로 인한 결과일 수 있다는 것이다.

마지막으로 세 번째 주제는 매우 효과적인 수퍼바이저를 관찰함으로써 무엇을 해야 하는지 배우는 것이다. 이 접근법은 두 가지 경험적 출처(source)에서 나왔다. 첫 번째는 직접 경험하는 전문가 수퍼바이저로부터이다. 앞서 언급했듯이, 마이크 엘리스와 미키 프리드랜더는 수퍼비전 연구와 관련하여 라다니 박사의 학문적 멘토였다. 또한 그들은 라다니 박사가 치료의 기술과 과학을 배웠을 때 그를 위한 선분석인 수퍼바이저였다. 두 번째는 대인관계 접근을 통한 강력한 동맹의 성장에서이다. 비슷한 방식으로, 수퍼바이저들을 훈련시킬 때, 라다니 박사는 가장 효과적인 수퍼비전에서 유사한 것들을 목격했다. 즉, 동맹과 대인관계 접근은 수퍼바이저 성장이 일어나는 기초가 된다.

요약하면, 세 가지 광범위한 주제 또는 경험을 통해 라다니 박사를 오늘날의 수퍼비전 실무자로 이끌었고 궁극적으로 우리에게 주요사건 수퍼비전 모델을 알려 줄 수 있게 되었다.

라다니 박사는 진정한 전문지식이란 최종적인 결과보다는 스스로의 포부라고 믿고 있다. 그런 만큼, 그의 희망은 가능한 한 많은 시간 동안 효과적인 수퍼바이저가 되기 위해 계속 노력하는 것이기도 하다.

미나 L. 프리드랜더: 프리드랜더 박사의 수퍼비전에 대한 첫 번째 등장은 1979년 박사 학위 연구 중 수퍼비전 이론에 대한 세미나 때였다. 세미나에서는 수퍼바이저들의 반응 방법이나 수퍼비전 관계가 어떻게 발전되는지에 거의 관심을 두지 않고, 그녀는 주로 수퍼바이저들이 무엇을 하는지에 초점을 맞췄다. 이어지는 학기에 조교로 활동하면서, 프리드랜더 박사는 실제로 그녀만큼 임상 경험이 없는 박사 그룹에 있었던 네 명의 학생들에게 수퍼비전을 해주었다. 그녀는 학생들과 함께 좋은 결과를 내보려 했지만 전문가로서 자질 부족과 학생들과 관계에서 이중적인 역할 때문에 그녀의 35년 경력 중 가장 어려운 수퍼비전을 경험했다. 특별히 수퍼바이지 한 명과 역할 갈등 사건에 대한 직접적인 경험을 했지만, 훨씬 시간이 지난 후에서야 두 사람 사이에 무슨 일이 일어나고 있었는지 완전히 이해할 수 있었다.

그 당시 프리드랜더 박사는 정신분석적 심리치료에 매료되어 있었고, 비록 그녀가 '병렬과정'에 대해 알고 있었지만 그 자체는 신비롭게만 보였다. 그녀의 '최고의' 수퍼바이저인 해롤드 페핀스키는 여름 실습이 끝난 후 프리드랜더 박사에게 자신의 역할은 그녀가 수퍼비전하는 법을 배우는 것을 도울 뿐만 아니라 그녀의 불안을 억제하는 것이라고 말했다. 이것은 그녀에게 매우 새로웠다. 수퍼비전 및 치료 과정의 미러링은 프리드랜더 박사를 놀라게 했다.

첫 번째 수퍼비전 경험 이후 그녀의 '여정'에는 실습과 연구의 통합이 반영되었다. 초기에, 그녀는 수퍼비전의 관계적 측면에 매료되었다. 수퍼비전을 Strong과 Matross(1973)의 심리치료 모델과 유사한 영향 과정으로 보고, 내담자의 진행 상황에 대해 방어적이거나 역방어적인 실습생에 대한 수퍼바이저의 평가를 연구했다(Ward, Friedlander, Schoen, & Klein, 1985). 이 연구에서 22명의 수퍼바이저는 자신의 약점을 드러내는 실습생을 사회적으로 더 숙련되어 있다고 보는 경향이 있지만 내담자와의 성공적인 상담을 설명하는 실습생을 더 자신감 있다고 평가하는 경향이 있었다.

비록 이러한 부분은 유익한 결과였으나, 프리드랜더 박사의 초기 연구는 수퍼바이저들이 수퍼바이지의 임상 기술 개발을 용이하게 하기 위해 수퍼비전 과정을 어떻게 사용해야 하는지에 대해서는 거의 설명하지 못했다. 대신 그녀는 수퍼비전 스타일을 구성하는 '자질'을 발견하기 시작했는데, 이 용어는 그녀가 실제로 자주 듣긴 했으나 그 의미가 모호하게 느껴졌다. 20명의 경험 많은 수퍼바이저의 인터뷰를 분석함으로써, 프리드랜더 박사와 동료(Friedlander & Ward, 1984)는 병렬 버전의 수퍼비전 스타일 척도를 활용해 교차 검증된 요인 분석을 실시하여 스타일의 다차원성을 밝혔다. '매력적인' 스타일은 수퍼바이저의 친근함, 따뜻함, 지원을 반영하는 반면, '개인 간 민감한' 스타일은 수퍼바이저의 지각력, 직관력 및 헌신을 반영하고, '과제 지향적인' 스타일은 교훈적이고 규범적이며 목표 지향적이고 평가적인 스타일을 반영한다.

세 가지 수퍼비전 스타일 모두 수퍼비전 프로세스에 대한 바람직한 접근 방식이라는 것을 인식한 프리드랜더 박사는 수퍼비전 관계의 복잡성에 관심을 돌렸고, 이로 인해 역할 갈등에 대한 여러 조사가 이루어졌다(Friedlander, Keller, Peca-Baker, & Olk, 1986; Ladany & Friedlander, 1995; Olk & Friedlander, 1992) 그리고 갈등적인 수퍼비전 관계에 대해서도 연구가 이루어졌다(Nelson & Friedlander, 2001). 그녀는 초급 교육생을 대상으로 관계적인 것에 집중한 수년간의 수퍼비전 경험을 반영한 연구에서 수퍼비전의 특정 전략, 개입 및 행동을 개념화하였고, '주요 사건 모델' 이론을 개발함으로써 연구의 정점을 찍었다.

마리 리 넬슨: 넬슨 박사는 교사였다. 고등학교, 대학 등 전문적인 환경에서 그녀는 학생들의 지적, 정서적 발전을 돕는 것으로부터 깊은 만족감을 얻었다. 심리학 박사학위에서 그녀는 심리치료사와 상담사를

훈련시키겠다는 결심을 하였고, 연구 관심사는 훈련 관계와 조건을 이해하고 개선하는 쪽으로 향했다. 사실 그녀는 박사 과정의 시작부터 수퍼비전 과정에 대한 훈련과 연구를 추구했었다.

대학원생으로서 그녀는 주로 수퍼바이저의 이론적 지향과 수퍼바이저와 수퍼바이지의 성별과 같은 요소가 권력의 상호작용과 수퍼비전 상호작용에 어떻게 영향을 미치는지 이해하려고 하였고, 엘리자베스 할로웨이의 수퍼비전 과정에 참여했다. 이 과정에서 그녀는 수퍼비전 및 심리치료 장면에서의 암묵적인 메시지에 대한 중요성을 깨달았다. 대인관계 이론을 공부하고 있던 그녀는 수퍼바이저의 메시지가 명시적이든 암시적이든 병렬과정을 통해 수퍼바이저를 만나는 수퍼바이지와 내담자를 만나는 수퍼바이지 행동에 영향을 미칠 수 있는 힘을 가지고 있다는 것을 깨달았다. 그녀는 강의에서 "다른 사람이 했으면 하고 바라는 행동대로 다른 사람에게 하라."라는 격언을 언급했다. 결국 매우 평가적이고 통제력 있는 수퍼바이저는 평가적이고 통제력 있는 수퍼바이지(치료사)를 얻게 될 것이라는 것이다. 정신분석적 심리치료에 대한 고급 교육을 통해, 넬슨 박사는 임상적 상호작용의 과정뿐만 아니라 내용에도 날카로운 초점을 두고 치료사와 수퍼바이저로서 기술을 연마하기 시작했다. 그녀는 또한 과학자이기 때문에 그녀 앞에 놓인 대부분의 정의에 의문을 제기하였다. 그녀는 치료 관계에서 수퍼비전 관계로, 그리고 그 반대로도 전달되는 흡사 '마법적인' 용어로 느껴지는 '병렬과정'이 반두라의 사회적 학습 과정 예에 불과하다는 것을 깨닫게 되었다. 그리고 단순히 모델링된 것을 시도하는 것임을 알게 되었다.

1990년대에 넬슨 박사는 '반영'의 개념에 큰 영향을 받았고 그것이 수퍼비전에서 어떻게 발생하는지에 대한 수잔 뉴펠트의 연구에 참여했다. 넬슨 박사는 수퍼바이지들이 반영할 수 있도록 돕는 것(즉, 그들이 내담자들과 어떻게 상호작용하는지, 그리고 그들의 상호작용을 어떻게 사용하는지에 대해 인식하고 배우는 데 시간을 보내는 것)이 수퍼비전의 핵심 요소라고 믿고 있다. 때문에 그녀는 수퍼비전을 가르칠 때, 반영하는 과정과 그것을 촉진하는 방법을 강조한다.

그녀는 수퍼비전에 대한 연구 문헌이 부족한 시기에 수퍼바이저가 되었기 때문에 Mueller와 Kell(1972)의 고전인 '갈등 대처(Coping With Conflict)'에서 매우 많은 영향을 받았다. 이들은 자연적 갈등의 해결이 수퍼비전 과정의 핵심 과제라고 주장하면서, 수퍼비전에 내재된 자연적 갈등을 치료적이면서도, 평가 가능한 관계의 기능으로 여기고 다루었다. 이 개념은 넬슨 박사의 연구에 늘 영향을 미쳐왔다.

그녀의 후기 작업은 수퍼바이저와 수퍼바이지가 갈등을 어떻게 경험하고, 어떻게 우수한 수퍼바이저가 수퍼바이지와의 갈등의 부정적인 결과를 예방하고 완화시킬 수 있는가에 대해 초점을 맞췄다. 수퍼비전 과정의 관찰과 성찰을 통해 알게 된 것은 우수한 수퍼바이저들은 대인관계 긴장을 직접 해결하고, 그 긴장에 주도권을 가지며, 수퍼비전 동맹의 불화를 회복하기 위해 노력한다는 것이다. 또한, 양질의 수퍼비전 핵심 기술은 관계의 명시적 갈등 원인을 식별하고 해결하는 능력이라는 것이다.

01 주요 사건 모델 개요

Supervision Essentials for the Critical Events in Psychotherapy Supervision Model

수퍼바이저: …엘리스, 오늘은 또 어떤 이야기를 해볼까요?

수퍼바이지: (주저하며) 음, 지난주에 새로 온 내담자 프랭크에게 연락을 받았는데… (잠시 멈춤) 본인은 아직 치료받을 준비가 되지 않은 것 같다고, 앞으로 더 이상 상담 약속을 잡고 싶지 않다고 하더라고요.

이 상황에서 수퍼바이저는 수퍼바이지인 엘리스에게 내담자(프랭크)에 대한 정보들을 더 달라고 요청하고, 내담자에게 전화해 볼 필요가 있는지에 대해 더 이야기해 보거나 상담에서 무슨 일이 일어났는지 물어볼 수 있다. 이런 과정을 통해서 수퍼바이저와 수퍼바이지는 내담자가 치료를 더 이상 받지 않기로 결정한 부분에 대해서 다각적으로

5장에서 등장하는 티파니의 사례를 제외하고 이 책 전체에서 사용된 모든 사례는 기밀을 보호하기 위해 재구성되었다.

http://dx.doi.org/10.1037/14916-002
수퍼비전의 필수요소: 주요 사건 수퍼비전 모델
N.Ladany, M.L Friedlander, and M. L. Nelson

살펴보고 논의해야 한다. 더불어, 수퍼바이지(엘리스)가 내담자의 상황을 수퍼바이저에게 공개하는 것에 대해 불편해하며 주저한 이유에 대해 서로 주목해 보아야 한다.

엘리스는 내담자의 치료 중단 결정에 대해 불편함을 느끼거나 또는 내담자의 결정을 수퍼바이저에게 밝히는 것 자체를 원하지 않았을지도 모른다. 수퍼비전을 할 때 이러한 이슈들은 적절한 방향성을 가지고 다루어져야 하지만 수퍼바이저는 어떤 순서로 수퍼비전을 해야 할지에 대한 딜레마에 부딪히게 된다.

수퍼바이저는 종종 초급 단계의 수퍼바이지뿐만 아니라 고급 단계의 수퍼바이지, 경험이 많은 상담사와 함께 작업할 때 이와 같은 상황에 직면한다. 수퍼바이저가 어떤 경로를 따라야 할지 결정하는 것은 상황에 따라 다르다. 즉, 수퍼바이저의 결정은 수퍼바이지의 교육 수준뿐만 아니라 수퍼바이지의 특성(예: 상담 기술 수준, 자각 정도, 개방성), 임상 현장의 여건과 관련된 요인(예: 기관의 지침, 대기자 명단의 수), 수퍼비전 자체와 관련된 요인(예: 수퍼비전 작업 관계에서의 기간 및 강도, 내담자에게 적용할 상담 이론의 적절성)과 관련이 있으며 물론, 이러한 요인들은 수퍼바이지의 개인적인 상황과도 연관되어 있다.

이와 같은 점들은 심리치료 수퍼비전에서의 중요한 과제이다. 수퍼바이저가 선택해야 할 방법 중 하나는 수퍼바이지들이 많은 내담자의 사례를 담당하고 있고, 수퍼비전을 받을 시간이 제한적일 때, 명료하게 사례를 진행할 수 있도록 방법을 설명해주는 것이다. 이런 접근에서 볼 때 수퍼바이저는 엘리스에게 "이번 사례는 안타깝네요. 다음 주에 또 다른 새로운 사례를 다뤄 봅시다. 일단, 프랭크에게 메시지를 보내서 나중에라도 마음이 바뀌면 또다시 상담 약속을 잡을 수 있도록 격려해 주세요."라고 말할 수 있다. 이러한 권위주의적인 피드백 방식은 수퍼바이저의 수퍼비전 기능에 충실하고 있지만 수퍼바이지의 전문 역량 개발에는 거의 도움이 되지 않는다.

반면, 대인관계 또는 과정 중심의 수퍼비전 방식을 추구하는 수퍼바이저는 수퍼바이지의 사례를 수퍼비전 하는 것 이상의 역할을 하기도 한다. 대인관계 중심의 수퍼비전에는 두 가지 목표가 있다. 수퍼바이저는 수퍼바이지가 내담자와의 과업을 논의하면서 전문 역량을 개발하도록 도와줄 뿐만 아니라 수퍼비전의 관계 안에서 이러한 역량을 모델링을 통해 습득하도록 돕는다. 더욱이, 이러한 과정은 내담자와 수퍼바이지 모두에게 수퍼비전으로 인한 유용성을 느끼게 해주고 새로운 시도를 가능하게 해 준다. 때로는 수퍼비전 상황에서 관계성이 우선시되고 치료과업이 후순위가 되면 이를 적절하게 다루어야 하는 문제가 발생할 수도 있다. 수퍼비전은 수퍼바이지가 수퍼바이저와 긍정적인 경험을 바탕으로 내담자와의 관계를 촉진할 수 있을 때 특히 의미가 있다.

이 책에서 우리는 수퍼비전을 통해 어떻게 수퍼바이지가 책임감 있는 상담사가 되도록 도울 수 있는지에 대해 면밀히 검토하고자 한다. 우리는 수퍼바이지에게 흔히 발생하는 문제점들을 해결하는 데 중점을 둔다는 측면에서의 대인관계 중심 접근 방식을 주요 사건 모델이라고 부르고자 한다. 이러한 관점에서 수퍼비전은 직접적인 결과와 관계가 없어 보이나, 최종 성과를 결정하는 연속적인 과정으로 영향력이 축적되며 결국, 직접적인 결과에 영향을 미치게 된다. 수퍼비전에서 관계의 시작(상대를 알아가는 것) 및 수퍼비전의 목표와 한계를 정하는 것과 같은 일부 과업은 크게 어려움이 없을 것이다. 하지만, 수퍼비전 관계에서 혹은 수퍼바이지가 내담자와의 작업에서 딜레마나 어려움이 발생했을 때, 그 어려움과 딜레마의 해결책을 찾는 것은 중요 문제다. 주요 사건을 해결하기 위해 치료 관계에서 수퍼비전 관계로 또는 그 반대로 초점을 계속 이동해야 할 경우에 상황은 복잡해질 수 있다.

주요 사건 모델을 소개하는 데 있어 우리의 목표는 수퍼바이저와 훈련과정에 있는 수퍼바이저에게 수퍼비전에서 흔히 발생하는 주요한 사건을 해결하기 위한 지침 및 예시를 제공하는 것이다. 이 장의 다음 섹션에서는 일반적인 용어로 모델의 개요를 제시하고자 한다.

사건 패러다임 : 맥락적 접근

1970년대 이래로 다양한 정신 건강 분야에서 수퍼비전 과정에 대한 이론과 연구가 시작되었다. 안타깝게도, 심리치료 현장에서 필요한 중요한 지식들이 수퍼바이지에게 문헌의 형태로 제공되지는 않았다. 일반적으로 수퍼비전의 주된 목표는 내담자에 대한 조율 및 대응에 대한 학습(Bernard & Goodyear, 2014), 내담자의 문제에 대한 정확한 사례개념화(Blocher, 1983), 경험적으로 제공되는 다양한 치료 접근방식 적용 및 내담자에 대한 구체적인 치료 계획 수립(Friedlander, 2012, 2015)을 포함한 전문 역량을 개발하는 것이다(Falender & Shafranske, 2004). 수퍼비전 목표의 중요성에 대한 공감대에도 불구하고, 이러한 목표를 가장 잘 달성할 수 있는 방법이 담긴 수퍼비전 관련문헌은 찾기 힘들다.

수퍼비전 세션에서 효과적인 목표를 달성하는 방법에 대해서는 알려진 바가 거의 없지만, 일반적으로 우리는 어떤 수퍼비전이 효과적인

지 또는 비효과적인지에 대해 잘 알고 있다(Ellis et al., 2014). 예를 들어, 연구 결과에 따르면 역할 갈등은 수퍼비전 관계에 해로울 수 있으며(Ladany & Friedlander, 1995; Nelson & Friedlander, 2001), 갈등을 피하기 위해 숙련된 수퍼바이저는 수퍼비전 과정 전반에 있어서 수퍼바이지에게 기대되는 역할에 대해 명시하도록 노력을 기울인다(Nelson, Barnes, Evans, & Triggiano, 2008; Friedlander & Ward, 1984, p. 541; Shaffer & Friedlander, 2015). 이는 수퍼바이저와 강력한 동맹적 관계를 형성하게 하고, 수퍼바이지의 수퍼비전에 대한 만족도(e.g., Ladany, Ellis, & Friedlander, 1999)를 높이는 결과로 이어진다. 또한 '수퍼바이저들은 효과적으로 역할 갈등을 최소화하고, 수퍼비전 동맹의 불화를 방지하기 위해 세션에서 어떻게 행동해야 할까? 대인관계에 민감한 수퍼바이저는 수퍼바이지가 개인적으로 어려운 상황에 처했을 때 어떻게 해결을 할까?' 등에 대한 질문을 할 수 있다. 그리고 수퍼바이지가 이러한 질문을 하는 '대인관계 민감성'이 높은 수퍼바이저와 함께 작업하는 것은 중요하다.

우리는 대응형 수퍼바이저라는 의미를 살펴봄으로써 수퍼비전 목표를 효과적 달성하는 방법에 가까워질 수 있다(Fredlander, 2012, 2015). 대응형 수퍼바이저는 수퍼바이지가 초심자로서 '의기소침해 있다'고 느낄 때와 '자신감 넘치는 모습'을 보일 때 각각 다른 접근 방식을 취한다. 더불어 수퍼바이지가 성적으로 도발적인 내담자를 만났을 때와 같은 위기 상황에서 수퍼바이지가 이를 제대로 의식하고 있는지 아닌지에 따라 다른 대처를 하게 된다.

인간으로서 우리는 맥락을 고려하여 반응한다. 즉, 우리는 각각의 연속적인 맥락에 대한 평가를 바탕으로 결정을 내리고 행동한다. 수퍼바이저로서, 수퍼바이지에게 최대한 대응하려면 문화, 환경, 내담자, 수퍼바이지 등에 대한 풍부한 맥락 정보가 필요하다. 수퍼비전 상황에서 어려운 과제를 해결하거나 문제가 있는 수퍼바이지와 함께하는 것과 같이 까다로운 수퍼비전 상황에서 잘 대처하려면, 수퍼바이저는 특정 상황에서 가장 효과적인 전략을 선택하기 위해 딜레마를 인식하고 평가하는 일련의 지침이 필요하다.

사건 패러다임은 수퍼바이저에게 수퍼비전에서 논의해야 할 사항(내용적 측면)과 더불어 변화를 가져올 수 있는 순차적인 대인관계 행동을 선택하는 데 있어서(과정적 측면) 지침을 제공한다. 수퍼비전의 과정을 구체적이고 정의가 가능한 과업 및 목표를 가진 일련의 의미 있는 사건으로 보고, 수퍼바이저는 어려운 상황을 해결할 가능성이 가장 큰 대인관계 전략을 선택할 수 있다.

일련의 사건에서 과업이 수행되는 심리치료 및 수퍼비전

수퍼비전과 심리치료 모두에 있어서 문제 해결 단계가 있다. 심리치료를 위한 과업 또는 새로운 임상 기술 학습(수퍼비전)과 같은 단일 목표를 달성하기 위해서는 다회 세션이 필요할 수 있으며, 세션 내에서 하나 이상의 목표를 해결할 수도 있다.

심리치료 과정을 고려하면서 이번 장을 시작해 보고자 한다. 상담사는 다양한 내담자들과 임상 경험을 쌓아가면서, 내담자들의 질문과 답변, 사실, 가정을 불연속적인 것으로 보지 않고 하나의 덩어리로서 여기며 변화 과정에 대해 고려하기 시작한다. 상담사는 변화의 흐름뿐만 아니라 세션의 흐름도 감지하게 된다. 또한 자신이 세션 내에서 특정 과업을 수행하는 것이 치료하는 과정에서 예상과는 다르게 다른 방식으로 되돌아온다는 것을 알게 된다. 상담사는 때때로, 내담자의 통찰력으로 인한 '아하' 반응 또는 친밀감을 느끼는 순간 매우 강력한 무언가가 발생한다는 것을 배우게 되는데, 이는 새롭고 예상치 못한 방식으로 치료를 진행시키는 사건으로 작용한다.

일련의 사건으로 치료 과정을 인식하는 것은 임상 실습 현장에서 자연스럽게 발생한다. 상담사들은 경험을 쌓을수록 각 세션 또는 세션의 일부를 한 사건으로 생각하기 시작한다. 각 사건에는 시작, 중간 및 끝이 있으며, 그 안에서 하나 혹은 그 이상의 특정 '과업'이 수행되고 성취된다. 다시 말해, 능숙한 전문가는 내담자의 우울감을 줄이는 것과 같이 궁극적인 치료 목표를 달성하기 위해 따라야 할 방식에 대해 섣불리 결정하지는 않는다. 이러한 결정은 당면한 과제를 수행하는 방법, 변화에 대한 내담자의 동기 부여를 평가하는 것, 내담자가 문제를 느끼는 것에 대해 논의하는 것에 대한 안전성, 내담자의 이익을 검토하는 방법에 대한 정보를 제공하는 상황 등과 같이 시기에 따라 고려된다.

다시 돌아가서, 심리치료는 초기(예: 불안감에 대해 이야기할 수 있는 안전한 상태), 중기(예: 새로운 사회적 연결망 구축하기) 및 말기(예: 우울증 감소, 삶의 질 향상)로 구성된다(목표 만족). 유사하게, 수퍼비전은 초기(예: 수퍼비전 실습에 대한 기대를 파악), 중기(예: 치료 세션을 종결하는 방법 배우기) 및 말기(예: 전문 역량 강화)로 구성된다. 그리고 심리치료에서 이러한 목표를 달성하기 위해서는 사건에 대한 과업을 수행하는 과정을 거쳐야 한다.

예를 들어, 첫 세션을 마치고 상담을 중단하였던 내담자 프랭크와 수퍼바이지 엘리스의 사례를 살펴보자. 수퍼바이저는 초기 및 중기 목표를 가진다. 엘리스의 경우 중기 목표는 내담자의 중도 이탈을 처리하는 방법을 배우는 것보다 일반적으로 내담자가 심리치료에 적극적으로 참여하도록 동기를 부여하는 방법 또는 내담자의 저항을 다루는 방법을 배우는 것이다. 이러한 중기 목표를 달성하기 위해 수퍼바이저와 수퍼바이지는 하나 이상의 특정 내담자 사례를 논의함으로써 수퍼비전 세션 내에서 그리고 수퍼비전 세션 전반에 걸쳐 특정 '과업'을 수행한다. 저항을 다루는 방법을 배우기 위한 첫 단계의 수퍼비전 과업은 엘리스가 프랭크의 결정을 이해하는 것이다. 이 과업은 프랭크의 성장배경을 살펴보고 세션을 면밀히 검토함으로써 수행될 수 있다. 프랭크의 결정에 대해 어느 정도 이해를 바탕으로 다음 수퍼비전 과업은 이론적인 관점에서 중간단계의 목표를 제시하고 내담자의 저항을 개념화하는 것이다. 마지막으로, 내담자가 변화에 대해 동기가 적을 때 어떻게 해야 할지를 다뤄볼 수 있다.

사건 패러다임 관점에서, 특정 과업의 인식 즉, 과업 분석은 본질적으로 사건을 정의하는 것을 말한다. 수퍼비전의 사건은 심리치료와 마찬가지로 일반적이고 예측 가능하다. 예를 들어, 수퍼비전 관계가 시작될 때, 초기 사건은 일반적으로 서로를 알아가고, 수퍼비전에 대한 역할과 기대를 명확히 하고, 기관 지침을 검토하는 것과 함께 수퍼비전 동맹을 발전시키는 목표에 전념한다. 일반적으로 수퍼비전이 끝나면 최종 과제로 수퍼바이지의 전문 역량을 평가한다.

일부 수퍼비전 교재에서는 중요한 공통 과업에 대해 설명하지만 이 책에서는 수퍼비전의 주요한 사건, 특히 수퍼바이지와 수퍼바이지 모두에게 어려운 경향이 있는 사건에 중점을 두고 있다. 각 장은 수퍼비전에서 각각의 딜레마를 해결하기 위한 과업 분석 모델의 형태로 지침을 제공한다. 그러나 이 수퍼비전 모델에 대해 더 자세히 논의하기 전에 과업 분석 모델의 기원을 이해하는 것이 중요하다. 다음 장에서는 심리치료 및 수퍼비전에서의 과업 분석에 대한 자세한 설명을 제공하고자 한다.

과업 분석 모델

지난 20~30년 동안 심리치료 맥락에서 개인 간 행동을 연구하기 위한 사건 패러다임은 시대적으로 주목받아 왔다. 심리치료 사건 연구에 대한 다양한 접근 방식이 있지만 가장 일반적인 것은 과업 분석이다. 심리치료 연구자들은 산업 심리학자들이 과업 환경에서 과제 달성을 정의, 연구 및 측정하기 위해 접근하는 방식을 적용하여 개인, 부부 및 가족 요법에서 주요한 사건 내에서 과제를 연구하였다. 간단히 말해서, 과업 분석은 이론적이고 임상적인 지혜를 사용하여 특정 세션 결과와 상호작용에 대한 개념 모델을 개발하고 연구하는 합리적이고 경험적인 방법이다.

앞에서 설명한 것처럼 과업 분석 모델은 치료(및 수퍼비전)가 수행해야 할 과업 또는 해결해야 할 딜레마로 구성되어 있으며 이러한 과업을 수행하는 과정이 지속될 때 좋은 결과를 가져온다고 가정한다. 예를 들어, 심리치료에 있어서 사건은 내담자의 '문제가 있는 반응'(Rice & Saperia, 1984, p. 29)을 자신의 인생에서 일어난 일에 대해 이해하는 과정으로 포함할 수 있다. 또 다른 심리치료 사건으로 내면의 정신적 갈등(Greenberg, 1983) 또는 내담자가 인식한 미완성된 과제(Greenberg & Foerster, 1996)를 해결하는 것이 포함될 수 있다. 문제가 있는 반응, 정신적 갈등 또는 미완성된 과제는 심리치료와 관련된 것이기 때문에 심리치료에서 종종 다루어지는 중요한 과업이다.

물론, 심리치료에서 수행해야 할 과업의 종류는 내담자의 상황과 상담사의 이론적 접근 방식에 달려 있다. 그러나 일부 과업은 치료 목표, 이론적 접근 또는 해결하려는 문제를 고려하지 않고 사실상 모든 내담자와 상담사에게 공통적으로 적용된다. 예를 들어, 상담사와 내담자가 서로 다른 환경 및 문제로 인해 그들 사이의 오해가 생긴 부분을 해결하거나(Rhodes, Hill, Thompson, & Elliott, 1994) 관계의 불화를 회복해야 하는 경우이다(Safran & Muran, 1996).

이러한 공통적인 과업들은 심리치료 시스템에 따라서 과업에 대한 접근법이 달라질 수 있다. 예를 들어, 개인 심리치료에서의 일반적인 과업은 내담자의 증상을 살펴보는 것이고, 이에 따라 인지행동 상담사와 정신역동을 지향하는 상담사는 내담자의 증상을 이해하는 것이 중요한 초기 목표이지만 각각은 내담자의 증상을 상당히 다른 방식으로 탐색할 것이다.

과업 분석의 중요한 측면은 '성공적인 사건'(세션이 해결되거나 완료되는 시점)이 유사한 흐름으로 진행되는 것으로 가정하며, 프로세스의 차이는 실질적인 영향을 미칠 수 있다는 보고가 있다. 여기에는 개인차와 맥락이 작용할 수 있다. 예를 들어, 가족 심리치료에서 '지속적인 참여' 사건에 대한 과업 분석 연구를 살펴보겠다(Friedlander, Heatherington, Johnson, & Skowron, 1994). 이 연구에서 과업의 해결은 특정 문제를 해결하기 위해 처음에 서로 소통하기를 꺼려 했던 가족 구성원들이 갈등을 겪고 문제를 함께 논의하고 협력하기 시작하는 행동 변화로 정의된다. 한 부모가 이끄는 가족들에 대한 연구는 모두 성공하지 못한 것으로 나타났는데, 이 연구에 따르면 양부모 가족에게만 과업 분석 모델이 유효할 수 있다는 것이 보고되었다. 그래서 상담사가 '지속적인 참여'를 독려하기 위해 노력할 때 한부모 가족들에 대해서는 양부모 가족과 다른 프로세스를 적용할 필요도 있다(Friedlander et al., 1994).

마지막으로 성공적으로 해결된 과업에는 끈끈한 대인관계가 필요하다. 상담사나 수퍼바이저가 주어진 과업을 처리하는 방법은 과업 관계의 단계와 동맹의 성실성 정도에 따라 달라질 수 있다. 내담자 및 수퍼바이지의 상담 과정에는 종종 도전적인 과제가 수반되기 때문에 내담자와 수퍼바이지는 상담실을 안전하기도 하면서 동시에 위험을 감수하고 성장할 수 있는 공간으로 인식해야 한다.

일반적으로 과업 분석은 수퍼바이저와 수퍼바이지 간에 오해가 발생한 때 사건을 인식하고 관련 과업(이 경우 오해의 해결)을 시작하게 된다. 사건 및 관련 과업은 '일반적으로 발생하는 과업'이며 '내담자 또는 수퍼바이지에 변화를 가져올 수 있는 과업'이어야 한다. 이러한 과업의 예는 심리치료에서 동맹의 불화(Safran & Muran, 1996)와 수퍼비전에서 벌어지는 동맹의 불화이다(Friedlander, 2015). 두 상황 모두에서 깨어진 동맹을 '복구'하는 것은 내담자/수퍼바이저에게 중요하고 새로운 관계 경험을 제공한다.

주요한 사건이 발생하는 상황이 심리치료인지 수퍼비전인지에 관계없이, 과업 분석 모델에는 지표, 과업 환경, 해결책 이렇게 세 가지 기본 구성 요소가 있다(Greenberg, 1986). 첫째, 수퍼비전의 맥락에서, 지표는 수퍼바이지 측에서 특정 과업에 대한 과업의 필요성을 나타내는 진술 또는 행동이다. 지표는 종종 어떠한 내담자에 대한 수퍼바이저 질문에 대해 수퍼바이지(엘리스)가 답변하는 다음과 같은 진술이 이에 해당된다. “저는 프랭크에게서 다음 상담 예약을 하지 않을 것이라는 메시지를 받았어요. 그는 아직 심리치료 준비가 되어 있지 않아요.” 이 경우, 첫 세션 이후에 상담을 중단하기로 한 내담자의 결정에 대해 논의할 필요성이 ‘지표’로 표현되었다. 또 다른 경우에서는 수퍼비전 세션에 만성적으로 지각하는 수퍼바이지의 행동이 지표일 수도 있다. 이때 수퍼바이지의 잦은 지각은 수퍼비전에 대한 기대치 또는 기본 규칙을 논의할 필요성을 나타내준다.

둘째, 과업 환경에서는 내담자/수퍼바이지 측의 ‘수행’과 수퍼바이지/수퍼바이저 측의 ‘작업’(Greenberg, 1986)이 포함된다. 수행 및 작업은 당면한 과제를 완수하기 위한 과정적인 단계를 말한다. 예를 들어, 내담자의 조기종결 결정을 이해하거나 수퍼비전에 대한 기대치를 알고 협의하는 것 등이다. 이 단계는 과업의 성공적인 완성을 촉진하는 다양한 상호작용 시퀀스로 이루어진다. 지속적으로 지각하는 수퍼바이지의 경우, 먼저 수퍼비전에 참여하는 것에 대한 수퍼바이지의 감정을 탐색하고, 수퍼비전 동맹(목표, 과제, 유대)에 초점을 맞추고 병렬과정 과정에 참여하도록 할 수 있다. (아마도 수퍼바이지의 내담자는 항상 심리치료 세션에 늦게 도착할 수도 있다) 그리고 수퍼바이지의 전문적인 태도를 평가할 수 있다.

마지막으로, 해결책은 당면한 과업의 성과 또는 성취를 의미한다. 성공적인 해결책은 새로운 이해, 갈등의 통합, 행동 계획 등을 반영한다. 미완성된 해결책은 과업이 완수되지 못했음을 뜻한다. 실패한 사건에서의 과업 환경은 대화의 초점이 바뀌거나 세션 자체가 끝날 때까지 지속된다. 엘리스의 경우 성공적으로 해결된 사건이 되려면 프랭크의 상담 중단 결정에 대한 이해와 내담자의 동기를 평가하는 방법에 대한 새로운 이해가 필요할 수 있다. 만성적으로 늦는 수퍼바이지의 경우, 성공적으로 해결된 사건이 되려면 수퍼비전의 필요성과 수퍼바이저의 기대에 대한 새로운 이해를 포함해야 할 수도 있다.

수퍼비전에서 주요 사건과 과업에 대한 인식

비록 수퍼비전은 심리치료와 많은 공통점이 있지만, 수퍼비전은 평가적이고 자발적이지 않으며 명시적이고 교육적인 특성이 있다 (Ladany, 2013). 수퍼비전에는 고유한 대인관계 역동이 있기 때문에 수퍼비전 과정의 특정 요소는 심리치료 과정을 특징짓는 요소와 절대적으로 다르다. 이러한 이유로 수퍼비전 과업 분석 모델의 인식과 연구는 심리치료의 과업 분석 모델과 질적으로 달라야 한다. 수퍼비전에서 주요 사건에 대한 과업 분석 모델을 개발할 때, 우리는 기존의 수퍼비전의 이론 및 연구와 수퍼바이저로서 임상 경험을 통합하였다. 우리의 목적은 훈련 과정에서 수퍼바이저와 수퍼바이지에게 경험적으로 설득력이 있고 실질적으로 의미 있는 접근법을 개발하는 것이었으며, 이 모델을 사용하여 수퍼비전 과정에서 중요한 변화 메커니즘을 확인할 수 있을 것으로 기대했다. 기본적으로 이 모델은 주요한 수퍼비전 사건을 인식하고 연구하기 위한 지침서와 같다. 이 책에서 논의된 다양한 사건들(예를 들어, 역할 갈등, 심리치료 기술적 한계)은 수퍼비전 현장에서 자주 발생하고 특히 해결해야 할 도전적 과제라는 생각으로 선택되었다. 그러나 과업 분석 모델을 활용해서 인식하고 연구할 수 있는 다른 수퍼비전 사건도 많이 있다(Ladany et al., 2005).

모델을 보다 자세히 설명하기 전에 몇 가지 가정을 하고자 한다. 첫째, 우리의 모델은 범이론적이다. 결과적으로, 수용적이고 효과적인 심리치료를 수행하기 위해 마음챙김 기술을 개발하고자 하는 수퍼바이지와 수퍼바이저, 정신역동에 더 관심이 있는 수퍼바이지와 수퍼바이저에게도 쉽게 활용할 수 있다. 마찬가지로, 과업 분석 모델은 모든 전문 분야–심리학, 정신과, 결혼 및 가족 심리치료, 사회 사업, 정신건강 상담, 학교지도 또는 간호 상담 및 정신 요법의 수퍼비전에 모두 적용 가능하다. 우리의 두 번째 가정은 이 모델이 대인관계에 중점을 두고 있다는 점이다. 언급한 바와 같이, 우리는 수퍼비전에서 주요한 사건을 통해 작업하는 데 있어 상호작용과 관계를 중점적으로 살펴본다. 세 번째 가정은 수퍼바이지의 학습, 성장 및 개발에 중점을 두려면 사례 관리 이상의 것이 필요하다는 것이다. 우리는 사례 관리를 수퍼비전의 유일한 목적으로 보지 않으며, 상담사가 심리치료를 진행하는 것에 대해 단순히 지시하거나 평가한다는 의미에서 수퍼바이지를 '감독자'라고 생각하지 않는다. 앞에서 설명한 바와 같이, 수퍼비전 과정을 의미 있는 사건이나 에피소드의 과정으로 보는 것과 관련이 있으며, 각 사건은 시작, 중간 및 끝으로 나눌 수 있다. 어떤 사건은 여러 번의 수퍼비전 세션을 필요로 하고 어떤 사건은 중단되어 나중에 다시 다뤄지게 된다. 마지막으로, 우리는 이 책에서 선택한 사건들을 주요 사건이라고 가정한다. 선택한 사건들은 도전적이고 중요한 수퍼비전 목표를 달성하는 데 영향을 미친다.

간단히 말해서 과업 분석은 수퍼비전 상황에 발생하는 경향이 있

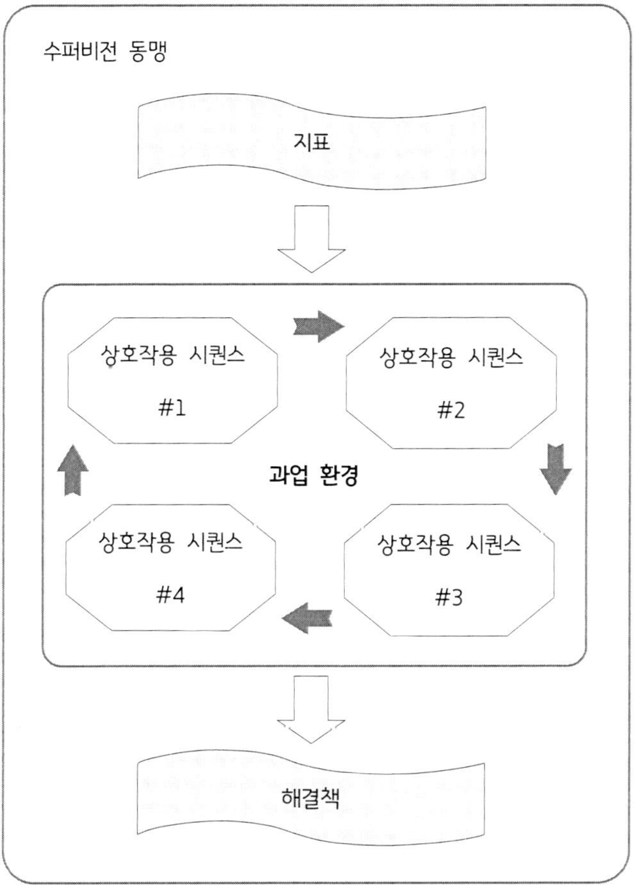

그림 1.1 수퍼비전의 전형적인 주요 사건. '주요 사건 수퍼비전: 대인관계적 접근'에서 수정(p.12), N. Ladany, M.L. Friedlander, M.L. Nelson, 2005, 워싱턴 DC: 미국심리학회. 저작권 미국심리학회 2005.

으며, 수퍼비전 결과에 영향을 미치는 주요한 특정 사건을 처리하는 프로세스를 말하고, 과업이라는 용어는 수퍼바이저가 특정 주요 사건에서 달성하려고 하는 것을 말한다. 예를 들어, 수퍼바이지의 역전이에 대한 논의는 수퍼비전 세션에서 나타날 수 있고, 이는 한 가지 주요 사건이 될 수 있다. 이 사건 내에서의 과업은 역전이를 이해하고 그것을 내담자에게 임상적으로 도움이 되도록 적용하는 방법을 이해하는 것이다. 다음 장에서 보다 자세하게 설명하겠지만 과업 분석 모델의 세 단계는 앞서 기본 구성요소로 언급된 지표, 과업 환경 및 해결책이다. 〈그림 1.1〉에 수퍼비전의 과업 분석 모델이 잘 묘사되어 있다.

수퍼비전 동맹 : 대인관계 수퍼비전의 기초

가장 빈번하게 연구되는 수퍼비전 및 심리치료 개념 중 하나인 동맹은 효과적인 수퍼비전을 위한 중요한 개념이다. 정의적 측면에서, 수퍼비전 동맹은 3가지 요소로 구성된다. (a)수퍼바이저와 수퍼바이지의 수퍼비전 현장에서의 개념적 목표 세우기 기술 향상, 즉 수퍼바이지의 개념화 능력 향상 또는 심리치료 중 역전이의 알아차림 향상, (b)'수퍼바이지가 내담자의 감정에 초점을 맞추는 것'과 같은 수퍼바이저와 수퍼바이지 사이의 목표에 대한 합의, 그리고 (c)수퍼바이저와 수퍼바이지 사이의 강한 정서적 유대(Bordin, 1983)이다.

다른 대인관계와 마찬가지로 동맹은 시간이 지남에 따라 강화된다. 수퍼바이저와 수퍼바이지는 흔들리지 않는 강한 동맹 관계를 형성하기 위해 수퍼비전에서 해야 할 일과 목표를 협의해야 한다. 예를 들어, 수퍼바이지의 수퍼비전 실습 목표 중 하나가 내담자와의 상담에서 역전이에 대한 알아차림을 높이는 것이면, 그와 수퍼바이저는 암시적 또는 명시적으로 이 목표가 의미가 있다는 것에 동의해야 한다. 또한 심리치료 녹취 테이프를 함께 검토하고 진행 중인 모든 내담자에 대한 수퍼바이지의 감정을 탐색하는 것과 같은 방법적인 면(즉, 수퍼비전 과업)에 대해서도 동의해야 한다. 물론, 수퍼바이지의 역전이 인식을 확대하기 위해 다양한 과업을 선택할 수 있지만, 수퍼바이저와 수퍼바이지가 동의하지 않는다면, 목표 달성을 위해 어떻게 이뤄져야 하는가에 대해서 논의될 수 있다.

동맹의 관점에서 볼 때, 어떤 종류의 장애물은 수퍼바이저와 수퍼바이지 간의 암시적 또는 명시적 의견 불일치가 목표의 특성 또는 달성 과정 중에 나타난다. 이러한 종류의 어려움은 책의 다음 장에서 설명하는 주요한 사건의 종류 중 하나이다.

수퍼비전 동맹의 중요성에 대한 문헌연구들은 잘 정리되어 있다. 연구결과에 따르면 효과적인 수퍼비전 동맹은 수퍼바이지의 다문화 문제에 대한 역량(Ladany, Brittan-Powell, & Pannu, 1997), 효과적인 평가(Lehrman-Waterman & Ladany, 2001), 유연성, 대인관계에 민감성, 과업지향적 수퍼비전 성격(Ladany, Walker, & Melincoff, 2001), 수퍼바이지의 자기 개방 촉진(Ladany et al., 1997), 성 관련 사건에 대한 지지(Walker, Ladany, & Pate-Carolan, 2007), 수퍼바이저에 대한 호감(Melincoff, 2001; Melincoff, Walker, Tyson, Muse-Burke, & Ladany, 2001), 수퍼바이지의 자기효능감(Efstation, Patton, & Kardash, 1990), 수퍼비전에 대한 만족도(Ladany, Ellis, & Friedlander, 1999; Shaffer & Friedlander, 2015) 등이다. 반면에 비효과적인 수퍼비전 동맹은 수퍼바이지의 역할 모호성과 역할 갈등에 대한 경험과 관련이 있다(Ladany & Friedlander, 1995). 관련 자료의 비공개(Ladany, Hill, Corbett, & Nutt, 1996), 불안정한 애착(Riggs & Bretz, 2006), 부정적인 수퍼비전 경험(Ramos-Sánchez et al., 2002), 불안(Mehr, Ladany, & Caskie, 2015), 그리고 대리 외상(Fama, 2003)이 해당된다. 수퍼바이지는 수퍼바이저가 비윤리적으로 행동하는 것을 볼 때

수퍼비전 동맹이 바람직하지 않은 것으로 간주하는 경향이 있다(Ladany, Lehrman-Waterman, Molinaro, & Wolgast, 1999; Nel son & Friedlander, 2001).

일부 연구에 따르면 주요한 사건을 해결하는 데 동맹의 중요성을 강조하면서, 수퍼바이지는 성 차별을 경험했을 때 동맹을 바람직하지 않게 평가하는 경향이 있다고 보고하였다(Bertsch et al., 2014; Walker et al., 2007). 때때로 수퍼비전의 어려움은 목표와 과제에 대한 의견 불일치가 아니라 정서적 유대의 수준에서 비롯된다. 심리치료에서 작업 동맹과 마찬가지로, 정서적 유대는 수퍼비전 동맹에 결정적이며 수퍼바이저가 수퍼바이지의 요구에 반응하는 정도를 반영한다(Friedlander, 2012, 2015). 강한 유대감은 상호 호감, 따뜻함, 신뢰 및 존중을 특징으로 한다. 감정적 유대의 수준은 수퍼바이저가 도전적인 수퍼비전 목표와 과제를 제안하거나 제시할 수 있는 정도의 제한 요소가 될 수 있다. 수퍼바이저가 책임감 있게 수퍼바이지를 이해하고 공감할 때 유대가 강화되기 때문에(Friedlander, 2015), 수퍼비전에서 공감의 중요성을 간과해서는 안 된다.

불행히도 대부분의 수퍼바이저는 매우 공감적인 상담사일 수 있지만, 수퍼바이지에 대한 관심은 부족할 수 있다. 수퍼바이저의 노력에도 불구하고 평가가 좋지 않거나 그들 사이의 의견이 맞지 않을 경우 수퍼바이지의 취약점을 간과하거나 잘못 판단하면 유대감이 손상될 수 있다. 내담자와 마찬가지로 수퍼바이지가 중요한 피드백을 수용하고 받아들이기 위해서는 지지적인 신뢰가 필요하다. 수퍼바이저들이 연민감을 갖고 이야기할 때 수퍼바이지들이 수퍼바이저에게 거부감을 느끼지 않게 된다.

'심리치료 동맹'이 내담자의 변화를 위한 기반이 되는 것처럼, 대인관계 수퍼비전 모델에서 '수퍼비전 동맹'은 주요 사건을 해결하기 위한 기반이 된다. 우리는 수퍼비전 동맹과 심리치료 동맹이 전경/배경이 되며, 서로를 반영하는 것으로 해석하는데, 때때로 수퍼비전 동맹은 세션에서 초점(전경)이 되고, 수퍼바이지와 내담자와의 동맹은 논의되지 않는다(즉, 배경). 다른 경우에, 수퍼비전 동맹은 논의 대상이 아니고(배경), 오히려, 초점(또는 전경)은 수퍼바이지와 내담자(들)와의 관계가 된다.

일반적으로 수퍼비전 동맹은 수퍼비전 가운데 전경에 있다. 동맹은 또한 갈등 관계가 될 수 있다. 어떤 경우에는 수퍼비전의 동맹의 힘이 사건에 따라 변하기도 한다. 강력한 수퍼비전 동맹의 맥락에서, 수퍼바이저는 수퍼바이지를 독려하는 데 효과적일 수 있지만, 동맹이 약한 경우 독려하는 것이 오히려 가혹하거나 모욕적으로 수퍼바이지에게 느껴질 수 있다. 수퍼바이지가 수퍼비전 세션에서 일어나고 있는 사건으로 인해 위축되거나 괴로워하는 것처럼 보일 때 수퍼비전 동맹을 배경에서 전경으로 옮겨서 다루는 것이 필수적이다. 상담사로서 수퍼바이지의 자신감 또는 자기효능감 수준에 따라 수퍼바이저는 수퍼바이지와 특정 내담자와의 관계에 대해 '점검'해보는 것이 도움이 될 수 있다. 취약한 수퍼바이지에 대한 '점검'이 주기적으로 진행되지 않으면 불행하게도 수퍼바이지의 심리치료에 문제가 발생하거나 전문성이 향상되기 어려울 수 있다.

지표 인식

과업 분석 모델에서 지표는 사건을 시작하고 다루는 것을 의미한다. 간단히 말해서 지표는 일련의 진술 또는 수퍼바이저가 수퍼바이지의 입장에서 특정 종류의 대응에 필요한 것을 설명하는 것이다. 심리치료 사건의 지표는 내담자의 호소문제 해결 중에 나타나는 내담자의 저항과 같이, 그 순간 특정 행동이나 초점이 필요하다는 신호를 말한다.

수퍼바이지가 수퍼바이저에게 특정 내담자 사례에 대한 도움을 직접 요청하거나, 수퍼바이저가 전문적인 관심사나 특정 기술을 연습하려는 욕구가 생겨나는 경우와 같이 지표는 쉽게 드러날 수 있다. 다른 경우에는 지표가 더 미묘하여 쉽게 간과되기도 한다. 다시 말해서, 지표는 수퍼바이지가 언어적으로 표현한 것이거나, 비언어적인 것일 수도 있다. 예를 들어 수퍼비전에 늦게 도착하거나, 내담자에 대해 논의할 준비가 되지 않았거나, 심리치료 세션을 반복적으로 기록하지 못하는 경우가 있다. 그룹 수퍼비전에서 지표는 그룹에 지속적으로 참여하지 못하거나 동료의 피드백에 대한 냉담한 응답일 수 있다. 지표는 또한 수퍼바이지가 기록한 세션의 내용에서 관찰된 내담자와의 상호작용이 될 수도 있다. 그리고 수퍼바이저가 수퍼바이지의 사례 기록에 대해 질문할 때 수퍼바이지의 방어적 태도가 지표일 수도 있다. 이러한 상황에서는 수퍼바이저가 수퍼비전 동맹의 파열을 피하기 위해 주요 사건에 대한 해결책을 차근히 밟아 나가는 것이 중요하다.

다른 지표가 비슷한 문제를 나타낼 수 있지만, 다른 문제가 비슷한 지표로 나타날 수도 있다. 예를 들어, 역할 갈등(2장)에서는 수퍼비전 세션에서 수퍼바이지가 수동적으로 참여하거나, 수퍼비전 약속에 지각하거나, 사례기록을 지속적으로 하지 못하는 것이 지표가 될 수 있다. 그러나 이 같은 지표는 수퍼바이지와의 역할 갈등만을 나타내는 것이 아니며 수퍼바이저가 병렬과정(4장)도 인식하고 이해해야 한다. 어떤 상황에서는 주요한 사건의 지표 단계가 지속될 수 있다. 이때는 수퍼바이저가 세션의 어느 시점에서 해결해야 할 사항을 명확히 할 때까지 지표단계는 끝나지 않는다.

과업 환경 : 사건을 통한 과업

수퍼바이저가 지표를 이해한 후에는 과업 환경이 중심이 된다. 기본적으로 과업 환경(그림 1.1 참조)은 상호작용 시퀀스들이며, 수퍼바이저의 과업(개입 또는 전략)과 수퍼바이지의 수행과 반응으로 이뤄진다 (cf. Greenberg, 1986). 과업 환경을 구성하는 시퀀스는 주요 사건마다 다르고 수퍼바이지의 변화에 대한 준비 및 전문성에 따라 다르지만, 수퍼비전에 대한 대인관계 접근 방식을 특징으로 하는 몇 가지 일반적인 상호작용 시퀀스가 있으며, 여기에는 탐색, 명료화, 과업 과정을 반영하는 시퀀스가 포함된다(Shaffer & Friedlander, 2015). 예를 들어, 역전이 사건의 과업 환경에서 나타나는 상호작용 시퀀스는 치료 관계 및 수퍼바이지의 감정에 대한 탐색, 역전이에 직접적으로 초점 맞추기, 병렬과정의 해석과 작업으로 진행될 수 있다(Ladany et al., 2005).

〈도표 1.1〉은 주요한 수퍼비전 사건의 과업 환경 내에서 과업을 특성화할 수 있는 11개의 상호작용 시퀀스를 정의하고 있다. 당연히 이 시퀀스는 상호 배타적이지 않으며(역전이에 초점 맞추기는 일반적으로 감정의 탐색을 포함한다), 이 목록으로 주요한 수퍼비전 사건을 특징짓는 가능한 모든 시퀀스를 다룰 수는 없다.

하지만 이러한 상호작용 순서에 관한 최근의 연구(Shaf fer &

도표 1.1 주요 사건의 과업 환경에서 일반적인 상호작용 시퀀스

시퀀스	정의
수퍼비전 동맹에 초점 맞추기*	수퍼비전의 과업과 목표(평가 포함)에 대한 합의와 관련이 있으며, 수퍼바이저와 수퍼바이지 간의 정서적 유대감과 관련된 논의·동맹에 대한 점검 또는 수퍼바이저와 수퍼바이지의 관계에 대한 감정적 초점을 포함한 수퍼비전에서 일어나고 있거나 수행해야 하는 일에 대한 명시적 논의.
심리치료 과정에 초점 맞추기*	수퍼바이지와 내담자 사이에서 무슨 일이 일어나고 있는지에 대한 논의(즉, 발생하는 상호작용의 유형, 치료 동맹의 강도, 내담자가 수퍼바이지의 행동을 어떻게 보는지와 수퍼바이지가 내담자의 행동을 어떻게 보는지에 대한 것).
감정 탐색하기*	일반적으로, 지금-여기에 초점을 맞춤. 감정은 내담자, 치료 관계나 과정, 훈련 진행 상황, 개인적인 문제에 대해 표현될 수 있음.
역전이에 초점 맞추기*	수퍼바이지의 감정 및 또는 개인적 문제가 내담자의 태도 또는 행동에 의해 어떻게, 그리고 왜 '유발'되는지에 대한 논의.
병렬과정에 참여하기*	특정한 치료적 상호작용과 수퍼비전 상호작용 사이의 유사성에 주목하여 논의. 병렬과정은 두 상호작용 중 하나에서 시작해서 다른 상호작용에 반영될 수 있음.
자기효능감에 초점 맞추기	자신의 치료 기술에 대한 수퍼바이지의 자신감, 전문가로서의 자신감, 다양한 역할(예: 상담사, 학생, 수퍼바이지, 동료 등)에서 기능하는 능력에 대한 논의.
경험 일반화하기	(상담사, 동료, 수퍼바이지로서) 수퍼바이지의 경험이 전형적이고, 적절한지에 대한 논의.
기술에 초점 맞추기	개념화, 기술화, 대인관계 기술의 방법, 기술의 사용 시기와 장소 및 사용이유에 대한 논의, 역할 수행 또는 이론을 특정 사례에 적용하는 방법에 대한 논의.
지식 평가하기	수퍼바이지가 논의 중인 사례와 관련된 분야에 대해 얼마나 알고 있는지를 평가하는 것. 윤리, 연구 및 실무에 적용되는 이론이 포함됨.
다문화 인식에 초점 맞추기	성별, 인종, 민족성, 연령, 성적 지향, 종교, 장애, 가족 구조 또는 사회경제적 지위 등에서 유사하거나 상이한 타인과의 관계에서 수퍼바이지의 자기인식에 관한 논의.
평가에 초점 맞추기	심리치료, 수퍼비전에서 수퍼바이지의 전문적인 수행에 대한 논의. 요약적이거나 발달적인 피드백, 비판적이거나 긍정적인 피드백에 대한 논의를 포함.

Note. *표시는 '관계 행동 척도'의 시퀀스임(Shaffer & Friedlander, 2015).

Friedlander, 2015)는 11개의 시퀀스 중 5개의 시퀀스가 하나의 관계 요인을 구성한다는 것을 보여 주었다. 다시 말해, 5가지 핵심 시퀀스(역전이에 초점 맞추기, 감정 탐색하기, 심리치료 과정에 초점 맞추기, 병렬과정에 참여하기, 수퍼비전 동맹에 초점 맞추기)는 경험적으로 가장 밀접한 관계가 있는 것으로 밝혀졌다. 다른 연구에서는 수퍼바이저의 '대인관계 민감성'이 어떠하냐에 따라 이 5가지 시퀀스(Relational Behavior Scale[RBS])가 나타날 가능성이 결정되기도 했다.

RBS 점수는 (a)강력한 수퍼비전 동맹과 (b)수퍼비전 세션 안에서 수퍼바이지의 긍정적인 경험과 매우 연관되어 있고 그러한 상황에서 더 많은 RBS 행동들이 발생된다. 종합해보면, 이 결과는 주요 사건 모델의 이론적 토대를 강력하게 뒷받침한다.

다음 장에서는 주요 사건을 성공적으로 해결하는 데 도움을 주는 상호작용 시퀀스에 대해 논의하고자 한다. 11가지 상호작용 순서는 성별, 문화, 성격/스타일, 수퍼바이지의 발달 수준, 임상적 상황, 수퍼비전 관계의 상태 등을 포함한 다양한 맥락 요인에 따라 여러 가지 방식으로 수행될 수 있다. 이러한 이유로 다음 장에서 각 사건에 대한 시퀀스를 제안하였으나, 주요 사건을 해결하기 위한 정해진 방법은 아니다. 더욱이, 수퍼바이저가 과업 환경의 각 상호작용 시퀀스 내에서 사용하기로 선택한 시퀀스 또는 개입의 종류는 다른 수퍼바이지의 개입과 다를 수 있다. 예를 들어, 감정 탐색을 할 때 어떤 수퍼바이저는 기록된 세션의 일부를 함께 보면서 수퍼바이지에게 내담자가 오랜 시간 동안 침묵했을 때의 느낌을 질문하거나 내담자에 대한 자신의 경험을 설명하도록 요청할 수 있다. 또는 역전이에 중점을 두어 수퍼바이지에게 내담자로부터 자신의 개인적인 삶에 있는 사람들과 비슷한 느낌을 받았

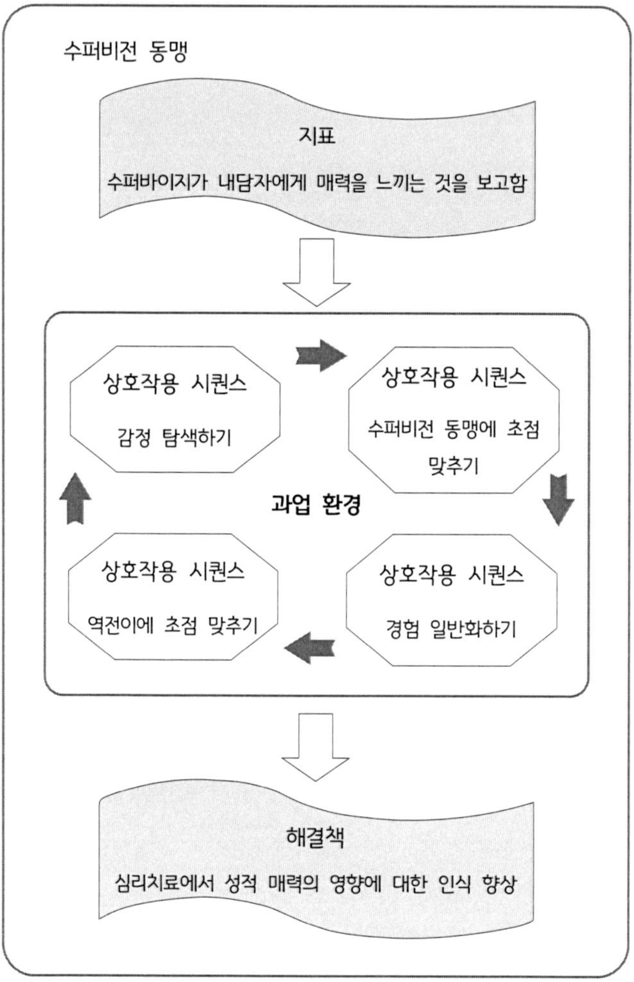

그림 1.2 성적인 매력 사건의 예. Adapted from *Critical Events in Psychotherapy Supervision: An Interpersonal Approach* (p. 17), by N. Ladany, M. L Friedlander, and M. L Nelson, 2005, Washington, DC : 미국심리학회. 미국심리학회에 의한 저작권 2005.

는지나, 내담자에 대한 자신의 감정적인 반응이 무엇을 의미하는지 직접적으로 질문할 수 있다. 젠더 이슈와 관련한 사건에서는 수퍼바이저가 지식 평가하기 시퀀스를 사용할 때, 수퍼바이지에게 내담자의 인생 이야기에 대해 여성주의적 관점을 갖도록 요청할 수 있다. 기술적 결여 관련 사건에서는 수퍼바이저가 역할 연기 기술과 같은 기술에 초점을 맞추거나, 수퍼바이지에게 특정 시점에 특정 개입을 사용한 이유를 요청할 수 있다.

우리는 또한 과업 환경의 다양한 시퀀스가 완전히 분리된 것이 아니며 때로는 과정이 재귀적이라는 점을 언급하고 싶다(〈그림 1.1〉의 다양한 상호작용 시퀀스 사이의 화살표에 주목해 보라). 그러나 과업 환경을 통해 작업은 지속적으로 전진하며 이뤄지고, 이는 당면한 과세의 성공직인 해결로 이어진다.

예를 들면, 상담사들이 내담자에게 매력을 느낄 경우와 같은 성적인 매력 사건을 다루기 위해 〈그림 1.2〉의 지표를 참조할 수 있다. 수퍼바이저는 수퍼바이지가 성적인 매력 사건이 발생한 것으로 인식하면, 네 가지 상호작용 시퀀스인 감정 탐색하기, 수퍼비전 동맹에 초점 맞추기, 경험 일반화하기, 역전이에 초점 맞추기에 중점을 두고 진행할 수 있다. 프로세스 모델을 설명하기 위해 〈그림 1.2〉의 화살표는 선형 진행을 보여 주지만, 실제로 수퍼바이지, 수퍼바이저, 내담자, 임상 환경 및 수퍼비전 동맹의 복잡한 상호작용에 따라 이 단계의 순서는 달라질 수 있으며, 심지어 그 성격도 다를 수 있다.

해결책 : 주요 사건의 마무리

과업 환경의 목표 요소들이 성공적으로 모이면 사건은 특정 수퍼비전 과제의 결과인 '해결책'으로 끝난다. 성공적인 해결책은 (a)자기 알아차림, (b)지식, (c)기술 또는 (d)수퍼비전 동맹의 향상으로 나타난다. 자기 알아차림의 의미는 수퍼바이지가 자신의 이전 생활 경험, 기대 또는 편견, 감정, 행동 또는 신념이 내담자와의 상담에 어떤 영향을 미치는지 정확하게 인식한다는 것이다. 지식은 수퍼바이지가 교육을 받거나 임상 경험을 통해 얻는 이론적, 경험적, 실제적 이해와 관련이 있다. 기술은 심리치료와 관련된 대인관계, 기술 또는 개념적 능력을 말한다. 이는 섬세한 기술(안정화 개입, 열린 질문하기, 요약 및 감정 반영과 같은 개입)에서부터 복잡한 심리치료 기술(예: 빈 의자 대화 기법)에 이르기까지 다양하다. 수퍼비전 동맹은 수퍼바이저와 수퍼바이지 간의 정서적 연결을 강화하고 수퍼비전 목표와 과업에 대한 합의를 도출하며 수퍼비전 중 일어난 관계의 불화를 해결하는 것을 의미한다.

물론 해결책은 수퍼비전 사건에서 당면한 과제와 밀접한 관련이 있다. 따라서 해결책은 예를 들어, (역전이 사건에서) 더 큰 자기인식 또는 행동을 위한 계획(예: 다문화 인식 사건에서)을 포함할 수 있다. 본질적으로, 해결책은 지표에 의해 알게 된 사건의 원래의 관심사 또는 사건의 진입 지점으로 되돌아오는 것을 포함한다. 간단히 말해서 성공적인 해결책을 가진 사건은 당면한 과제가 성취되는 사건들이다. 예를 들어, 성공적으로 해결된 역전이 사건에서 수퍼바이지는 자신의 개인적인 배경이나 경험에 비추어 내담자에 대한 감정적 반응에 대해 새로움과 반가움을 표현하며 수퍼바이저에게 자신의 관점에서 내담자와 협력하기 위한 새로운 전략을 설명하게 된다.

물론 모든 과업이 성공적으로 해결되는 것은 아니다. 부분적으로 해결되었거나 실패한 것은 마무리가 부족한 경우이다. 또한, 완전히 해결되지 않은 과제는 수퍼비전이 긴장, 분노 또는 철회로 끝나게 된다.

또는 수퍼바이지가 수퍼바이저의 제안을 따르기로 동의하지만 명확한 약속이 없는 경우가 생기거나, 수퍼바이저가 수퍼바이지의 감정을 다루나 저항을 감지하게 되는 경우가 나타날 수 있다. 그 외에도 다른 주제로 바꾸는 등의 주요한 사건에 대한 잘못된 마무리는 내담자뿐만 아니라 수퍼바이저와 수퍼바이지 모두를 동요시킬 수 있다.

주요 사건 인식

수퍼비전의 주요 사건에 관한 문헌들은 제한적이긴 하지만, 우리는 심리치료 수퍼비전에서 중요하게 되풀이되는 주제에 대해 글을 써왔다. 이 문헌들과 수퍼바이저로서의 우리의 경험을 통해 우리는 앞서 열 가지의 주요한 사건을 살펴봤다. 이러한 방법은 문제 태도와 행동을 다루고(Ladany et al., 2005), 수퍼바이지의 통찰력을 촉진하고, 직업적 심리치료 기술을 향상시키며, 교정 관계 경험을 촉진한다(Ladany, 2006; Ladany et al., 2012; Ladany & O'Shaughnessy, 2015).

이 책에서는 추가적으로 병렬과정을 통한 주요한 사건 과업을 다뤘다. 이 목록이 결코 완전한 것은 아니지만 이러한 종류의 과업은 심리치료 수퍼비전에서 가장 일반적이고 어려운 과업에 속한다.

특히, 어려운 점은 하나의 사건이 다른 사건으로 이어질 때인데, 이때 처음 사건으로 돌아가기 전에 뒤따라온 다른 사건을 해결해야 한다는 점이다. 예를 들어, 역전이 사건으로 시작하는 세션(지표는 새로운 내담자에게 필요 이상의 화를 느끼는 수퍼바이지의 말이다)은 수퍼바이저가 수퍼바이지에게 역전이에 대한 개인적 이유를 살펴보도록 요청할 때, 수퍼바이지가 수퍼바이저의 질문이 개인적으로 불편하다고 느낀다면, 수퍼비전 시 동맹의 불화가 내담자와의 역전이 사건보다 먼저 다뤄질 필요가 있다.

또는 수퍼바이저의 결정적인 피드백을 받은 후 수퍼바이지의 '문제적인 태도'가 수퍼비전의 주요한 사건으로 발생할 때, 수퍼바이지의 '내담자와의 심리치료 과업'과 관련된 주요한 사건으로 바뀔 수 있다. 예를 들어, 상담사로서 자신의 전반적인 자신감 부족에 대해 논의할 때 수퍼바이지는 자신의 내담자가 자신에게 성적 어필을 했다는 사실을 밝힐 수 있다. 이때는 수퍼바이지의 자신감 문제를 다루는 것에 대한 논의로 들어가기 전에 세션 내에서의 내담자와의 성적 매력 사건에 초점을 맞추는 것이 중요하다.

이 책에서는 일대일 대면 수퍼비전에 중점을 두지만 주요 사건은 그룹 수퍼비전에서도 분명하게 발생할 수 있다. 각 장은 논의 중인 주요 사건과 관련된 연구와 이론을 중심으로 시작한다. 그리고 우리는 각 종류의 사건을 다루기 위한 개념적 모델을 제안하려 한다. 여기서 수퍼비전 과업은 수퍼바이지의 여러 가지 가능한 행동이나 의견으로 표현된다. 앞의 그림에서 설명한 바와 같이, 각 과정 모델에는 지표, 과업 환경(제안된 상호작용 시퀀스 포함) 및 해결책과 각 모드에 대한 설명 뒤에는 성공 또는 실패한 과업을 나타내는 요약 스크립트가 있다.

또한 스크립트와 함께 사건이 진행되는 동안의 참여자 인식, 의도 및 반응이 기술되어 있다. 각 장의 결론에서, 우리는 몇 가지 특별한 고려 사항에 대해 논의하는데, 이는 각 종류의 주요한 사건을 통해 심리치료를 할 때 발생할 수 있는 주목할 만한 문제이다.

마지막으로 고려해야 할 사항

반복해서 강조하고 싶은 점은 '맥락'은 핵심적이라는 것이다. 즉, 주요한 수퍼비전 사건은 공백 상태에서 발생하지 않는다. 내담자 및 상담사와 마찬가지로 수퍼바이지 및 수퍼바이저는 현장에서 다양한 배경, 개인적 경험 및 두드러진 관심사를 불러일으켜 흥미롭지만 때로는 지루하기도 한 수퍼비전 과정을 가진다. 이러한 맥락적 역학의 복잡성을 포착하기 위해 우리의 사례는 수퍼바이저와 수퍼바이시의 특싱, 심리치료 및 수퍼비전 형식의 다양성을 설명하고 있다. 우리는 독자들이 전문분야의 다양한 수퍼비전 방법을 고려하도록 독려하기 위해 모델의 광범위한 적용을 보여 주려고 노력했다.

먼저 한 가지 중요한 점을 강조하고자 한다. 수퍼바이지는 수퍼비전 과정에 대한 개방성과 최소한의 기초적인 기술, 심리치료 과정에 대한 지식, 알아차림에 대한 수퍼비전을 받아야 한다. 수퍼바이지에게 이러한 필수적인 특성이 부족한 경우, 수퍼바이저는 수퍼바이지의 결점을 가능한 빨리 인식하여 책임감 있게 해결해야 한다. 때때로 이것은 주요한 사건으로 진행될 수 있지만 수퍼바이지의 초보적인 기술이 부족한 경우에는 임상적 상호작용이 일어나기 전에 수퍼바이지에게 심리치료가 필요할 수 있다.

우리는 초보 수퍼바이지가 수퍼비전에서 개인적/감정적 측면이 잘 이해되지 않는 경향이 있으며, 경험 있는 수퍼바이지조차도 자기 발견 과정이 어려울 수 있음을 알고 있다. 이러한 이유로 수퍼비전의 결정적인 측면은 처음부터 역할 기대를 명확히 하는 것이다. 실제로, 수퍼비전의 역할 갈등 또는 불화를 피하기 위해서는 명확한 역할 기대치를 포함하는 수퍼비전에 대한 사전 동의가 필요하다(*see Guidelines for Clinical Supervision in Health Service Psychology*, 미국심리학회, 2014 참조).

처음부터 수퍼바이지는 자신의 개인적 관심사나 배경이 수퍼비전 대화의 초점이 될 수 있음을 이해하고 동의하기 위해 기대치를 명확히 하는 것이 필수적이지만, 그러한 대화의 목표는 수퍼바이지의 성격 구조를 바꾸는 것은 아니다. 여기서 대화의 목표는 수퍼바이지가 내담자와의 작업을 방해하거나 수퍼비전에 생산적으로 참여하는 데 방해가 될 수 있는 사적인 장벽을 해결하는 것이다.

전문적인 행동에 대한 논의는 전문성의 명확한 묘사를 통해 이뤄져야 한다. 이 책은 윤리적 사례를 다루지는 않았지만, 우리의 사례 설명과 논의는 적절한 윤리적 문제를 상기시킬 것이다. 이러한 이유로 우리는 수퍼바이저들이 각자의 전문적인 윤리 강령과 지침을 고려할 것을 권장한다. 우리는 좋은 심리치료를 위한 훌륭한 수퍼비전이 어떤 형태의 상담이나 심리치료에 관계없이 훌륭한 수퍼비전이라고 믿는다. 이러한 이유로, 우리는 수퍼비전에 참여하는 사람들을 교육생 대신 수퍼바이지라고 부르려고 한다. 읽기 쉽도록 수퍼바이지에 대한 용어는 다양한 경우에 따라 임의적으로 선택했다. 또한, '상담'과 '심리치료'의 분야별 구분을 정확히 나누는 것이 의미가 없다고 생각하기 때문에 일관성을 위해 심리치료라는 용어를 사용하고자 한다. 궁극적으로, 우리는 심리치료의 수퍼비전이 제공되고 연구되는 많은 전문 분야의 다양성을 인정한다.

02 수퍼비전 관계에서의 모호함과 갈등 : 역할의 중요성

Supervision Essentials for the Critical Events in Psychotherapy Supervision Model

수퍼비전 동맹이 깨질 때 수퍼바이저의 대응력은 더욱 필요하다(Friedlander, 2015). 앞서 수퍼바이지의 기술 부족, 문제 있는 태도, 행동 등의 이슈를 살펴보았으며 수퍼바이저와 수퍼바이지 관계에서의 각자의 '역할'과 관련된 이슈 또한 수퍼비전 장면에서 꼭 내담자와 관련한 문제가 아니더라도 핵심적인 문제가 될 수 있다. '역할 갈등'은 수퍼비전 장면에서 상담사례에 대한 이야기를 하다가도 순식간에 나타날 수 있다. 이 갈등을 무시하면 수퍼비전 과정에서 수퍼바이저와 수퍼바이지 모두 매우 긴장되고 불편해질 수 있다. 최악의 경우 역할 갈등을 해결하지 못하면 수퍼비전 동맹 관계를 회복할 수 없고 수퍼바이지의 내담자 복지에 부정적인 영향을 줄 수 있다(Nelson & Friedlander, 2001; Ellis et al., 2014).

역할 갈등은 우리에게 무엇을 의미하는가? 이 용어와 유사한 개념, **역할 모호성**은 산업 및 조직 심리학에서 사용되는 용어로 몇몇 연구자들은 심리치료 수퍼비전에 맞게 이 용어를 적용하였다. 그들은 수퍼바이저와 수퍼바이지의 관계와 작업 수행에 있어서 각자의 역할에 대한 명확한 지침이 필요하다고 지적하였다(Friedlander, Keller Peca-Baker, & Olk, 1986). 수퍼비전 장면에서 역할 모호성은 수퍼바이지의 수퍼바이저에 대한 기대가 명확하지 않거나 혼란스러울 때 발생한다. 반면에 역할 갈등은 수퍼바이지와 수퍼바이저 각자가 자신의 역할에 대한 특정 기대를 가지고 서로의 기대가 상충될 때 발생한다. 역할 갈등 및 역할 모호성 척도(Olk & Friedlander, 1992)는 수퍼비전에서 역할 갈등과(예: "수퍼바이저는 제가 마치 불법적이거나 비윤리적일 것 같은 일을 할 것이라 생각하고 저에게 말했어요.") 역할 모호성(예: "수퍼바이저에게 어떤 자료를 드려야 할지 잘 모르겠어요.")의 구체적인 예를 제공한다. 수퍼비전을 처음 경험하거나 임상 환경(예: 입원환자가 있는 정신병원)에서 수퍼비전을 받는 초보 수퍼바이지에게서 역할 모호성을 쉽게 확인할 수 있다. 역할 갈등 및 역할 모호성 척도를 이용한 연구는 앞서 언급한 초보 수퍼바이지에게서 역할 모호성이 자주 나타나는 사실을 뒷받침한다(Olk & Friedlander, 1992). 실제로, 수퍼바이저와 수퍼바이지가 그들 사이에 일어날 일에 대한 기대가 상충될 때 역할 갈등이 발생하기 때문에 역할 갈등과 관련된 중요한 사건은 의외로 비교적 숙련된 수퍼바이저와 함께 할 때 표면화될 가능성이 높다. 예를 들어 수퍼바이지의 사례 관리에만 초점을 두거나 증거 기반 치료 매뉴얼에 어떻게 따를 것인가에만 초점이 맞춰진 수퍼바이저를 생각해보라. 새 수퍼바이저가 인종 차별에 대한 개인적인 경험에 대해 질문할 때 수퍼바이지는 그러한 개인적인 토론이 어떻게 자신의 임상 기술을 향상시킬 수 있을지 전혀 모르기 때문에 고민에 시달린다. 또 다른 예로, 합동 가족치료(Conjoint Family Therapy)를 실시한 지 얼마 안 된 수퍼바이지는 수퍼바이저가 자신을 가족 치료 작업에 어울리지 않고 부적합하다고 여길 것을 걱정하여 자신의 상담 사례에서 내담자 부모에게 느끼는 분노 감정 노출을 주저할 수 있다. 모호성의 해결 방법은 서로의 기대를 명확하게 설명하는 것이지만, 갈등을 해결하기 위한 과정은 더 복잡하고 도전적이다.

역할 갈등의 해결을 위한 최소한의 노력은 상충되는 기대에 대해 직접적인 의사소통을 하는 것이며, 이외에 백트래킹(backtracking), 의도의 명료화, 개인적 노출, 양보 및 사과 등이 있다. 이러한 모든 과정은 문제 해결에 충분하지 않을 수 있겠지만, 수퍼비전 동맹 관계는 분명한 위계가 있으며 상담에 대한 평가와 상담 입문자에 대한 문지기(gate-keeping) 기능은 늘 존재한다. 그리고 이 모든 것은 수퍼바이지의 마음먹기에 달렸다. 이러한 이유로 수퍼비전에서 역할 갈등은 치명적인 문제가 될 수 있다. 다음 섹션에서 역할 모호성, 역할 갈등과 관련된 주요 사건들을 설명하고 논의할 것이다. 각 종류의 사건에 대한 지표는 수퍼비전에서 발생하는 사항에 대한 논의의 맥락 또는 수퍼바이지가(한 명 이상) 내담자와의 작업에 대한 대화를 하는 중에 나타날 수 있다. 수퍼비전 중 특정한 임상적 논의가 없는 상태에서 역할 갈등 또는 모호한 사건이 시작될 때, 수퍼비전에 지속적으로 지각을 하거나 수퍼비전의 자료 준비(사례 보고서, 상담 일지)가 미흡한 경우, 수퍼바이저가 특별히 요청한 것이 있는데 준비되지 않은 상태로 오는 등의 수퍼비전 과정에 대한 준비 부족 혹은 기대치를 반영하는 행동이 지표로 나타나는 경향이 있다(예: "매주 만나기 전에 녹취를 검토하고 오시겠어요?").

그러나 이러한 종류의 사건은 종종 상담 사례에 대한 맥락에서 시작된다. 이어지는 세 가지 예시에서 내담자가 첫 세션 후에 조기종결한 엘리스(1장)의 수퍼비전에 대해 설명한다. 동일한 수퍼바이지가 세 가지 예시에 모두 등장하는데, 성공적으로 해결된 역할 모호성 사건과 해결되지 않은 역할 갈등 사건, 성공적으로 해결된 역할 갈등 사례의 예시가 차례로 이어진다(〈그림 2.1〉 참조).

그림 2.1 역할 갈등 사건의 과업 분석 모델

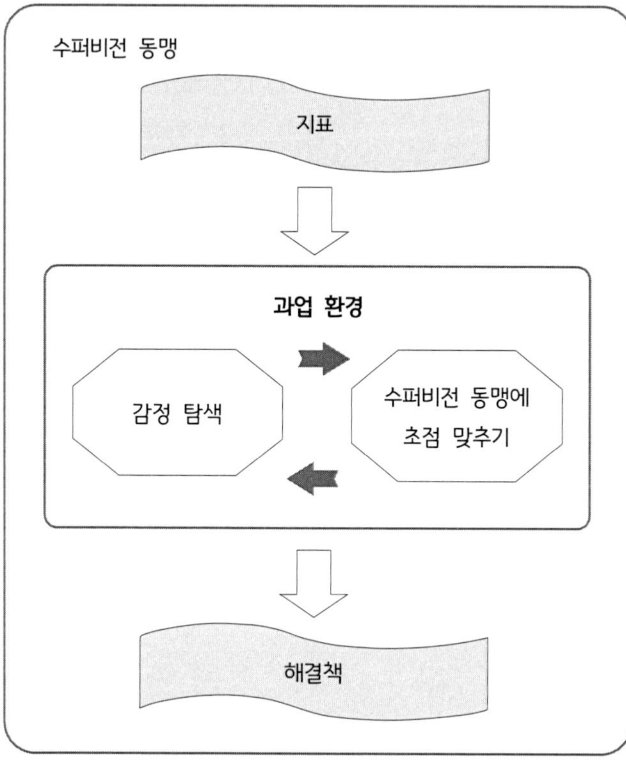

성공적으로 해결된 역할 모호성 사건의 예

지표

수퍼바이저: 오늘 어떤 다른 사례에 대해 이야기해볼까요?

수퍼바이지: [주저함] 글쎄요, 프랭크에게서 메시지를 받았어요. 제가 지난주에 봤던 새로운 내담자 기억하시죠? [잠

시 멈춤] 그는 메시지에서 앞으로 어떠한 약속도 지키지 않을 것이라고 했어요.

그는 아직 치료 준비가 되지 않았어요. [그녀는 내담자에 대해 논의가 필요하다는 것은 알았으나 무엇에 집중해야 할지 확신하지 못함. 내담자가 조기종결할 것으로 예상되는 것에 대해 걱정함]

수퍼바이저: 그가 왜 조기종결했다고 생각하세요? [엘리스의 감정에 초점을 맞출 것인지 접수면섭 기술에 초점을 맞출 것인지 확신하지 못함]

수퍼바이지: 잘 모르겠어요. 상담 세션 녹취를 가져와서 같이 들어야 할까요? [수퍼바이저에게 요청하길 원함]

수퍼바이저: 그렇게 할 수도 있죠. 그런데 이 시점에서 그 방법이 가장 유용할까요? [여전히 초점 탐색함]

수퍼바이지: 모르겠어요. [잠시 멈춤] 아마도 그렇겠죠. 그런데 잘 모르겠어요. 제가 좋은 반응을 못했는데 괜찮을지 모르겠어요. [그녀가 사건에 대해 가지고 있는 부정적인 감정이 올라오고 있다는 것을 깨달음]

이 시점에서 지표는 분명하다. 엘리스는 더 이상 만날 수 없는 내담자와의 관계를 수퍼비전 상황에서 이야기해야 한다는 것이 마음에 걸렸다. 그녀는 내담자에 대한 자신의 감정을 표현하는 것이 적절한지 또는 그렇게 행동하는 것이 도움이 되는지 확신하지 못했고 그녀는 내담자에게 실망했기 때문에 (아마 화가 났더라도) 그녀는 자신의 반응이 적절한지에 대한 여부와 수퍼바이저가 그것을 원하거나 듣고 싶어 하는지의 여부를 확신하지 못한다.

과업 환경

수퍼바이저는 이제 엘리스가 수퍼비전에서 수퍼바이저의 기대가 무엇인지 몰라서 주저하고 있다는 것을 깨달았다. 그는 그녀가 수퍼비전 과정을 잘 이해하지 못한다는 것과 그녀의 훈련에 가장 필요했던 '스스로 방향을 결정하는 역할'에 대한 이슈를 알게 되었다. 엘리스의 모호성에 대한 가장 효과적인 협력 방법이 무엇인지 알고자 하는 수퍼바이저는 이 순간을 엘리스가 수퍼비전에 더 많은 주도권을 가질 수 있는 기회로 본다.

감정 탐색하기

수퍼바이저: 엘리스, 프랭크나 그 외에 다른 내담자에 대한 당신의 감정을 우리가 함께 이야기해볼 수 있을지 없을지 그게 궁금하다는 말이죠? [엘리스의 기대를 명확하게 함으로써 수퍼비전 동맹에 초점 맞추는 것]

수퍼바이지: 그렇죠. 저는 그가 조기종결한 이유와 초기면접에서 내가 무엇을 잘못한 것인가에 대해 돌아봐야 한다는 것을 알고 있어요. 그런데 뭐가 가장 중요한지 모르겠어요. [여전히 수퍼바이저에 대한 기대와 이해의 부족으로 소통을 요청하고 있음]

수퍼바이저: 모든 다 생각해볼 수 있는 것들이죠! 그래도 내담자에 대한 당신의 생각을 나눌 수 있고 프랭크에 대해 이야기해볼 수 있다는 것이 저는 매우 반갑다는 것

을 알았으면 좋겠어요. 어쨌든 상담사로서 우리가 상황에 대한 강한 정서적 반응을 깨닫지 못한다면 우리에게 도움이 되지 않을 거예요. 그렇지 않나요? [수퍼비전 과정에서 수퍼바이저의 관점을 더욱 분명히 하기 위해서 그녀의 관점에서 들여다보는 것을 선택함]

수퍼바이지: 네, 동의해요. 제가 어디서 시작해야 하는지를 몰랐었어요. [자신에게 더 많은 안내가 필요함을 설명함]

수퍼비전 동맹에 초점 맞추기

수퍼바이저: 자, 프랭크에 대한 감정을 잠시 느껴봅시다. 그리고 우리 각자의 관점에서 수퍼비전이 어떻게 진행되어야 하는지 이야기해보죠. 당신이 걱정하는 것들은 이해될 만해요. [수퍼비전에 대한 엘리스의 경험을 일반화하는 수퍼비전 과정에 초점을 둠]

수퍼바이지: 그렇죠. 당신은 저의 모든 상담사례를 봐줬으면 하는 유일한 수퍼바이저예요. 저는 제 감정을 억눌러야 한다는 느낌을 받았어요. 저는 당신이 제 감정에 대해 어떻게 생각하는지 잘 몰라요. [여전히 그녀가 자신의 감정을 탐색할 필요가 있는지 알지 못하고 있으며 원하는 바를 직접 물어보는 것이 두려움]

수퍼바이저: 음. 그렇게 이야기해줘서 고마워요. 당신이 경험적 치료(experiential therapy)를 하든 인지행동치료(CBT)를 하든 내담자에 대한 상담사의 감정은 매우 중요해요. 그래서 이러한 제 관점이 당신의 이전 수퍼바

이저와는 다른 점일 거라 생각해요. [엘리스의 불안의 근원에 대해 드러난 사실을 강화함]

수퍼바이지: 좋아요. [어느 정도 안심된 느낌]

수퍼바이저: 그런데 내담자에 대한 감정 반응에 초점 맞추는 것 말고도 더 큰 문제가 있어요. 어떤 사례를 이야기할 때에 우리가 어디서부터 시작해야 하는지 결정할 수 있으면 좋겠네요. 예를 들어, 프랭크와 함께 초기면접을 한 내용을 탐색할 때 자신의 감정을 이야기해 보는 것이 도움이 된다는 것을 알 수 있죠. 그리고 그 감정에 대해서 이야기 나눌 때 우리는 당신이 가졌던 감정에 도달할 수 있어요. [엘리스가 더 많이 논의에 책임을 가지고 있다는 수퍼바이저의 기대를 밝힘]

수퍼바이지: 네, 알겠습니다! 물론이죠. 그런데 [잠시 멈춤] 우리가 제 감정에만 집중하고, 그에게 무슨 일이 있었는지에 대해서는 모른다면요? [머뭇거리며, 그녀가 잘못된 선택을 할까 걱정함]

수퍼바이저: 그 걱정이라면 하지 않아도 괜찮아요. 우리가 초점 맞추는 일들만 하자는 것은 아니에요. 그리고 저도 중요한 것을 놓쳤다 싶어도 부끄러워하지 않을게요. (웃음) [수퍼비전 과정이 공동 책임이라는 것을 그녀에게 확신시켜줌]

해결책

수퍼바이지: 네, 다행이네요.

수퍼바이저: 예를 들어, 저는 당신이 프랭크와 함께 '틀린' 어떤 행동을 했다고 확신할 수 없어요. 그의 음성 메시지에서 그가 치료는 '아직' 준비되었다고 하지는 않았나요? [엘리스가 자기비난을 한 것이라는 가능성에 반응]

수퍼바이지: 맞아요. 그렇게 이야기했어요.

수퍼바이저: 그렇다면 이제 제 직업상 당신이 스스로 비난하는 것이 무엇을 의미하는지 확인해볼 수 있겠네요. [그의 역할을 분명히 함]

수퍼바이지: (웃음) 음, 안심이 되네요.

수퍼바이저: (웃음)

수퍼바이지: 저는 지금 프랭크가 상담을 그만두는 것에 대해 제가 얼마나 화가 났는지 알려 드리고 싶어요. [그들의 논의에 즉각 자율성을 느낌]

수퍼바이저: (웃음) 시작합시다. [엘리스의 자율성을 강화함]

성공적으로 해결된 이 사건에서, 수퍼바이저는 수퍼바이지의 수동성이 아니라 역할 모호성이 엘리스 자신의 사건에서 어떤 이야기를 할지 결정해야 할 때 그 결정을 꺼리게 한다는 것을 알았다. 역할 모호성에 대한 지표를 인식함에 있어, 수퍼바이저는 엘리스가 초급 수퍼바이지이며 상담사나 수퍼바이지로서 경험이 거의 없다는 것을 잘 알고 있었다.

그러나 수퍼바이저가 수퍼비전에서 엘리스의 주저함을 단순히 그녀에게 기대하는 부분에 대한 불확실성이 아니라 수퍼바이지 개인의 성향적인 문제로 본다면 역할 갈등으로 인해 동맹이 깨질 수도 있다. 다음 예에서, 우리는 엘리스의 역할 모호성이 수퍼바이저에 의해 수동성으로 잘못 이해된 경우 논의가 어떻게 다르게 수행되었는지를 볼 수 있다.

해결되지 않은 역할 갈등 사건 예시

지표

수퍼바이저: 그가 상담을 그만둔 이유에 대해서 생각해 볼 것이 있나요?

수퍼바이지: 잘 모르겠어요. 우리가 함께 볼 수 있도록 세션 녹취를 가져와야 할까요?

수퍼바이저: 그렇게 할 수 있죠. 이 시점에서 가장 유용한 방법일까요?

수퍼바이지: 몰라요. [잠시 멈춤] 그럴 수도 있지만 모르겠어요.

수퍼바이저: 프랭크에 대한 논의에 대해서 준비가 부족한 부분이 당황스럽네요. 프랭크가 왜 그만두었는지 궁금하겠지만 그에 대해서 당신이 완벽하게 준비하지 않았다고 한다면 저는 도와드릴 수가 없어요.
[엘리스의 수동성을 보고 좌절했으며 그녀가 그녀의 임상 작업에서 잠재적인 병렬과정을 보는지 알고 싶어 함]

수퍼바이지: (침묵) [비판받았다고 느끼며, 침묵]

수퍼바이저: 좋아요, 프랭크와의 접수 면접을 검토해 봅시다. [엘리스가 내담자에게 얼마나 수동적이었는지 보여줄 수 있다

고 생각하면서 책임지기로 결심함]

수퍼바이지: 알겠습니다. [화남, 그래도 수퍼바이저의 지시에 따름]

이 시점에서 엘리스는 개인적으로 공격을 받고 있다는 느낌을 받았지만, 수퍼바이저는 그녀가 자신에게 어떤 감정을 느끼는지 알지 못하고 오히려 수퍼바이지가 자신과의 상호작용에서 점점 소극적으로 변하는 것을 보았다. 수퍼바이지의 역할 모호성으로부터 시작한 것이 이제 역할 갈등이 되었다. 즉, 엘리스는 수퍼바이저가 논의에 집중할 수 있게 서로의 위치를 결정해줄 것이라 기대했지만 내담자와의 초기면접 준비가 되어 있지 않음을 보여주게 되면서, 그녀의 심리치료 역량에 대해 이야기하게 되었다. 둘 사이의 상호작용은 상당히 긴장된 상태가 된다.

수퍼바이저: 그렇다면 프랭크와의 초기면접에서 일어난 일을 요약해줄 수 있나요? [치료 과정에 집중하는 것이 더 생산적이라고 믿으며 점점 좌절감을 느낌]

수퍼바이지: 세션이 시작될 때부터 그는 나에게 그의 충격적인 전체 인생사를 말해줬어요. 그의 형제는 십대 때 부모를 총으로 쐈고, 프랭크는 잘 모르는 친척들과 함께 살도록 보내졌대요. [무엇을 논의해야 할지 모르겠으나, 내담자의 문제를 이야기하는 것으로 결정함]

수퍼바이저: 아, 엄청난 이야기네요. 그는 전에 치료를 받은 적이 있나요? 지금 말한 그 세션은 어떻게 끝냈나요? [수퍼바이저는 내담자가 이 상담을 시작하는 것이 괜찮을지

아닐지 생각을 하면서 이 이야기를 듣고는 심란해짐. 엘리스가 내담자의 모호함을 얼마나 잘 처리했는지, 내담자가 공개 한 모든 외상을 감안할 때 치료의 잠재적 가치에 대해 논의했는지 여부를 평가하기로 결정함]

수퍼바이지: 저는 당신이 하는 말이 어떤 의미인지 모르겠어요. 우리는 이번 주에 '약속을 했어요.' [수퍼바이저의 말이 '어떻게 세션을 끝냈는가'를 의미한다는 것을 이해하지 못했다기보다 수퍼바이저에게 비판받는 것을 피하려고 노력함]

수퍼바이저: 제 말은, 치료 중에 그의 오래된 상처를 모두 꺼내는 것이 무엇을 의미하는지에 대해 그와 이야기했나요? [이 지점에서 엘리스에 대해 더 좌절감을 느낌. 그는 그가 그녀에게 초기면접에서 뭘 해야 하는지에 대한 힌트를 주어야겠다고 생각함]

수퍼바이지: 하지 않은 것 같아요. [비난받는 것처럼 느껴짐]

수퍼바이저: 그렇다면 그가 치료에 전념하지 않은 것이 그리 놀랍지는 않네요. [짚고 넘어가고 싶어 함]

수퍼바이지: 그럴 것 같아요. [수퍼바이저의 좌절을 알고 자신의 실수를 예상하고 있다고 믿음]

수퍼바이저: 당신은 이것으로부터 무엇을 배웠나요? [그녀의 사례 경험에서 반추능력을 평가하려고 시도함]

수퍼바이지: 제 생각에는 제가 그에게 치료가 얼마나 어려운지에 대해 이야기를 나누어야 한다고 생각하고 그가 정말 상담을 시작하고자 하는지, 어릴 때 그에게 발생한

일을 다시 체험하고 싶은지를 확인해야 한다고 생각해요. [그녀는 수퍼바이저에게 더 이상 비판받는 일을 피하기 위해 그에게 동의해야 한다고 결정함]

수퍼바이저: 정확합니다. [만족함, 그녀가 그녀의 잘못을 이제는 확인했다고 믿음]

동맹의 불화는 수퍼비전 세션에 긴장감을 높이면서 분명히 나타난다. 그러나 수퍼바이저는 역할 갈등 사건의 지표를 인식하지 못했다. 수퍼바이저는 엘리스에게 좌절감을 느꼈고, 엘리스는 수퍼바이저에 의해 가혹하고 불공평하게 판단되는 느낌이 들었다. 이 수퍼비전 세션에서는 그녀의 내담자가 조기종결한 것과 그녀가 치료에 대한 약속을 확인하는 부분에 있어서 다른 방식으로 접근했어야 하는 것, 그리고 잘못된 부분을 이해할 수 있는 여유뿐만 아니라 내담자의 조기종결에 대한 좌절을 환기하기 위해서 응원하고 지지하는 것이 필요했다. 이 지점에서 수퍼바이저가 내담자의 복지에 대해 매우 걱정하고 있음을 알게 된 엘리스는 수퍼바이저가 그녀에게 기대하는 것과 더 일치하도록 상호작용 방향을 수정하기로 결정한다.

수퍼바이지: 제가 다시 전화해야 한다고 생각하세요? 저는 이 문제들에 대해서 말을 꺼내거나 아니면 그가 원하는 경우 다시 올 수 있다는 것을 알려줄 수 있어요. [수퍼바이저가 그녀에게 원하는 것이 무엇인지 알아내려고 노력함]

수퍼바이저: 무엇이 가장 좋을 것이라 생각하나요? [엘리스에게 권

한을 부여하고 자신이 다소 비판적이라는 것을 깨닫기 시작함]

수퍼바이지: 제가 그렇게 하면 내담자가 아무 말도 하지 않을까 두려워요. 저는 그가 그에게 일어난 모든 일에 대해 이야기할 준비가 되지 않았다고 생각해요. [위험을 감수하고 내담자의 저항에 대한 그녀의 관점을 제시함]

수퍼바이저: 그럼 편지를 써서 앞으로 상담실에 다시 오게 되면 반갑게 환영할 것이라는 것을 알려주는 것은 어떤가요? [책임져야겠다고 결정한 후, 이 내담자에 대한 논의를 계속하는 것이 생산적이지 않을 것이라고 생각하면서 상담실 규정에 따라 필요한 것을 엘리스에게 알려야 한다고 생각함]

수퍼바이지: 그렇게 할 수 있어요. 그렇게 할게요. [따르고 싶어 하며, 그를 기쁘게 하기 위해, 그녀는 더 자기 확신을 가지려고 시도함]

수퍼바이지는 평가받는 것과 스스로가 부족하다는 것을 잘 알고 있다. 그녀는 수퍼바이저와의 상황을 어떻게 바꿀 수 있는지에 대해 혼란스러워하고 있으며, 현재 그가 그녀에게 기대한다고 생각하는 것에 관심이 있다. 따라서 이 역할 갈등 사건은 해결되지 않는다. 수퍼바이저가 지표를 인식하지 못했기 때문에 사건이 과업 환경으로 진행되지 않았다. 비록 수퍼비전 동맹에 초점을 맞추었지만 성공적인 해결책을 찾지 못한 채, 수퍼바이저는 이 사건을 단순한 문제로 치부해버렸다.

수퍼바이저: 진행 중인 또 다른 상담 사례에 대해 이야기해볼까

요? [상황을 전환하고 엘리스가 불편해하지 않을 만한 이야기를 하는 게 더 생산적이라고 결정함]

수퍼바이지: 좋아요. 제 내담자 중 어떤 사례에 대해 듣고 싶으세요? [그녀는 더 이상 조기종결한 내담자에 대해 더 이상 논의할 필요가 없다고 생각함]

엘리스는 계속해서 수퍼바이저를 기쁘게 하려고 노력하며, 동시에 스스로를 기쁘게 하기로 했다. 그들이 이전 주제에서 벗어나 안심하는 동안 그녀는 그들 사이에 지금까지 일어난 일 때문에 좌절하고 상처를 받고 있다. 이 지점에서 그녀의 의도는 단순히 수퍼바이저가 자신을 고통스럽게 하지 않고 나머지 시간을 지나가도록 하는 것이다. 그리고 그녀는 내담자와는 어떻게 해야 할지 모르게 된다.

이 예시에서 역할 갈등 사건이 해결되지 않았다. 수퍼바이저와 수퍼바이지는 계속해서 다른 내담자에 대해 협의를 하겠지만 서로의 불안감이 지속된 채로 나머지 수퍼비전 세션과 이어지는 수퍼비전 세션을 계속해서 진행해버리고 말 것이다.

이 사건을 단순한 갈등이 아닌 역할 갈등으로 만드는 이유는 무엇일까? 명백한 갈등을 해결해야 하는 경우에는 명백한 불일치("내 생각에는…" 대 "나는 동의하지 않아 내 생각에 이건…")가 있지만, 일반적으로 역할 갈등 사건에서 은밀한 긴장감은 각 사람이 다른 사람과의 관계에서 다른 무언가가 발생할 것으로 기대할 때 발생한다. 현재 사례에서 엘리스는 수퍼바이저의 지원을 기대했으나, 내담자가 조기종결한 이유와 이 불행한 경험에서 무엇을 배울 수 있는지에 대해 수퍼바이저의 지침을 받았다. 그러나, 수퍼바이저는 엘리스가 내담자에 대한 임상적으로 풍부한 논의를 시작하고 수퍼바이저로부터 필요한 것을 명확하게 요구함으로써 수퍼비전 과정의 책임감을 가질 것으로 기대했다.

모순적인 기대로 인해 수퍼바이저는 수퍼바이지에게 매우 좌절했으며 좌절감이 커짐에 따라 문제가 엘리스, 즉 그녀의 수동성과 임상기술 부족이라는 확신을 갖게 되었다. 그는 역할 갈등 지표를 인식하지 못했을 뿐만 아니라 자신의 행동과 태도가 동맹의 불화에 어떻게 영향을 주고 있는지 알지 못했다. 자신의 불편함과 엘리스의 불편함을 잘 알고 있었지만, 수퍼비전에 대한 준비가 되지 않았고 내담자와의 세션에 대해서도 준비가 되지 않았다고 비난하는 것이 수퍼비전 동맹의 불화를 일으킬 것이라는 것을 알지 못했다. 불행히도 엘리스가 더 복종적이 되자 수퍼바이저는 더 직접적이고 지배적이 되어 복종심을 높이는 데에만 기여했다. 안타깝게도 이 사건에서의 성별 역할은 남성 수퍼바이저/여성 수퍼바이지의 결합이며, 주로 수퍼바이지가 침묵하고 수퍼바이저를 기쁘게 할 수 없다는 느낌을 느끼거나 '적합하다'는 느낌을 줄 수 없다고 느낄 때 자주 발생한다(Friedlander, Blanco, Bernardi, & Shaffer, 언론 보도).

세션이 내담자의 극심한 외상과 관련이 있다는 것을 알고 수퍼바이저는 그녀를 더욱 가혹하게 판단했다. 그는 수퍼바이지의 상담이 제대로 수행되지 않았다고 결론을 내렸고, 그의 초점은 내담자의 복지에 대한 걱정으로 바뀌었다. 그러나 그는 치료 세션에서 일어난 일에 대해서는 알고 있는 것이 거의 없다는 점에 유의하라. 대화를 면밀히 살펴보면, 내담자에 대한 준비가 미흡하고 자신이 초기면접을 잘못 처리한 것에 대해 부끄러워하며 자책한 엘리스가 사건에 대해 수퍼바이저에게 최소한의 정보만 제공한 것을 알 수 있다.

종합하자면, 수퍼바이지는 내담자에게 심각한 잘못을 저질렀다는 것과 수퍼바이저가 요구한 여러 가지 것들, 좋은 감정을 가지기 어렵다는 것 외에는 이 수퍼비전 세션에서 거의 배우지 못했다. 여기서 엘리스가 평가받는 느낌이 얼마나 불편한지에 관계없이 수퍼비전 동맹의 불화를 해결할 가능성은 거의 없다. 이 관계가 수정이 되지 않으면 이 지점부터 수퍼비전 과정이 양 당사자에게 불쾌할 것이다. 실제로, 상담장면에서 수퍼바이지와 내담자의 동맹 관계에 불화가 생기면 수퍼비전 동맹에까지 쉽게 영향을 미칠 수 있다. 예를 들어, 수퍼바이지가 내담자에게 민감하게 반응하지 못한 부분에 대해 수퍼바이저가 내담자에 대한 걱정을 표현하게 되면, 쉽게 수퍼비전 동맹 관계가 깨질 수 있다(Friedlander, 2015). 이것이 바로 이 경우에 일어난 일이다.

성공적으로 해결된 역할 갈등 사례의 예

이와 같은 사례는 앞서 제시된 〈그림 1.1〉과 같이, 다섯 가지 핵심 관계 시퀀스가 역할 갈등 사건에 적용해볼 수 있는 가장 좋은 선택이 될 수 있다는 것을 보여준다(〈그림 1.1〉의 11개의 시퀀스와 *표시가 된 5개의 시퀀스 참조). 더욱이, 역할 갈등 이외의 주요 사건(아마도 역전이)에서는 11개의 시퀀스 중 가장 명확하게 관계적인 것을 사용해야 할 가능성이 높다. 실제로, 이 책에서의 다른 모든 사건은 수퍼바이저와 수퍼바이지가 수퍼비전 과정에서 역할에 대한 모순된 기대를 갖는 경우 역할 갈등 사건으로 '전환'될 수 있다. 이제 엘리스의 수퍼비전을 다시 살펴보자. 엘리스의 점점 더 많은 복종 반응이 그녀의 수동적인 성격이나 부족한 임상 기술에 기인한 것이 아니라, 주저하고 복종하는 반응은 역할 갈등의 지표로 인식될 수 있다는 것을 알 수 있다.

지표

수퍼바이지: 제가 다시 전화해야 한다고 생각하세요? 저는 이 문제들에 대해서 말을 꺼내거나 아니면 그가 원하는 경우 다시 올 수 있다는 것을 알려줄 수 있어요.

수퍼바이저: 무엇이 가장 좋을 것이라고 생각하나요?

수퍼바이지: 제가 그렇게 하면 아무 말도 하지 않을 것 같아 두려워요. 저는 그가 그에게 일어난 모든 일에 대해 이야기할 준비가 되지 않았다고 생각해요.

수퍼바이저: 그럼 편지를 써서 그의 메시지를 받았으며 앞으로 상담실에 다시 오게 되면 반갑게 환영할 것이라는 것을 알려주는 것이 어떨까요?

수퍼바이지: 그렇게 할 수 있어요. 그렇게 할게요.

이 지점에서 내담자에 대한 논의를 마치고 수퍼바이저는 역할 갈등 사건의 지표를 인식한다. 동맹의 불화를 해결하기 위해 수퍼바이저는 초점을 바꿔 과업 환경을 시작한다.

과업 환경

수퍼비전 동맹에 초점 맞추기

수퍼바이저: (잠시 멈춤) 잠시 프랭크의 사례를 내려놓고 우리 둘 사이에서 현재 진행되고 있는 일에 대해 이야기하는

건 어떨까요?

수퍼바이지: 알겠어요. [다소 조심함]

수퍼바이저: 우리가 오늘까지 논의한 것들이 저는 불편하게 느껴지는 것 같아요. 당신도 그런가요? [수퍼자이저가 직접 본인의 감정을 드러내는 시범을 보여줌. 엘리스가 그(수퍼바이저)의 '승인' 없이 그녀의 감정을 이야기할 수 없다는 것을 깨달음]

수퍼바이지: 어쩌면… 네, 저는 불편해요. 왜 그런지는 잘 모르겠어요. 그렇지만… [그녀가 스스로 불편하다는 것에 동의할 정도로 확실히 느낌]

수퍼바이저: 음, 제가 생각하기에는 당신이 말수가 줄고 오히려 저는 더 직설적인 말들을 하고 있는 것 같아요. 이런 것은 제가 원하는 이상적인 방식이 아니에요. 당신이 논의 방향을 잡는 데 있어서 주도권을 가졌으면 좋겠어요. [수퍼바이저는 엘리스가 논의를 더 불편하게 만들지 않기 위해 말수를 줄일 것이라고 예상하면서 본인의 기대를 진술함]

수퍼바이지: 네, 전에 그렇게 이야기했었죠. [답변할 필요가 있다는 것을 알지만 어떻게 응답해야 하는지 모름]

감정 탐색하기

수퍼바이저: 그에 대한 당신의 반응을 알려주시겠어요? [그녀는 자신의 행동을 잘 알고 있으며 자신의 감정을 탐색한다는 사실을 깨달음]

수퍼바이지: 음… [잠시 멈춤] 솔직히 말해서, 저는 그것에 대해서 기분이 좋지 않았어요. 제 말은, 제가 수퍼비전을 시작할 때 이 내담자에 대해 이야기를 꺼냈어요. 내담자 이야기를 시작할 때 제가 '주도권을 잡았었죠.'

수퍼바이저: 네, 당신이 그랬었죠. [최소한의 답변을 함, 엘리스가 그녀를 괴롭히는 것에 대해 더 많은 것을 말하기 원함]

수퍼바이지: 당신은 제가 내담자에게 준비되지 않은 것처럼 수퍼비전에도 준비되지 않았다고 말했어요. 그러나 저는 내담자에 대해서 준비가 안 된 것은 아니에요. [방어적인 느낌, 그녀의 분노와 상처를 밝히기 꺼려 함]

수퍼비전 동맹에서의 초점 맞추기

수퍼바이저: 제 의견이 잘못된 시작의 이유일까요? [엘리스의 파열에 대한 인식을 설명함. 그녀가 자신의 감정을 기꺼이 라벨링하지 않는다는 것을 깨닫고, 그 의미를 가벼운 용어로 묘사함]

수퍼바이지: 네, 그렇죠. ['잘못된 시작을 했다'는 말을 인정함. 충분히 받아들이는 것처럼 보임]

수퍼바이저: 엘리스, 당신의 솔직함에 감사드려요. 제 말을 다시 주워 담는 것은 쉬운 게 아니죠. (서로가 가볍게 웃음) 오늘 우리가 나누길 희망했던 이야기는 무엇이었을까요? 매주 가장 중요한 것으로 수퍼비전 받으러 오는데 저의 기대를 충분하고 명확하게 당신과 의사소통을 했는가 하는 것에는 확신이 서지 않네요.

[동맹 파열에서 자신의 역할에 대해 간접적으로 사과하고 그들의 상호 기대를 명확히 하려고 함]

수퍼바이지: 아마 아닐 수도 있겠지만… 저는 프랭크에 대한 저의 반응에 대해 이야기하고 싶었고 왜 그가 돌아오지 않기로 결심했는지 알아내려고 했어요. 저는 지금 상황과는 다른 것을 기대했다고 생각해요. [수퍼비전 세션이 진행되는 방법들에 대해서 실망감을 주장하기 시작함]

슈버바이저: 저한테요? [엘리스가 그에게 부정적인 반응을 보이는 것이 얼마나 어려운 것인지를 분명히 밝힘]

수퍼바이지: 음… 네. [더 이상의 언급을 할 만큼 충분히 안전하지는 않았지만 머뭇거리며 동의함]

수퍼바이저: 그래서 당신은 저로부터 비난받지 않길 바라면서 더 많은 지원을 기대하고 있었네요. [그녀가 스스로의 의견을 비판적이라고 인식했다는 것을 허용해주기 위해 '비난'이라는 단어를 사용하여 불일치한 기대를 표현함]

수퍼바이지: 네. 정확해요. [조금씩 긴장을 품]

병렬과정에 참여하기

수퍼바이저: 음… 제가 그 부분을 놓쳤네요. 확실히 제가 그랬었어요. 지금 갑자기 이상한 생각이 떠오르네요. 그런데 우리가 그랬던 것처럼 당신과 프랭크도 당신과 같이 처음부터 잘못되었었는지 궁금하네요. [서로의 동맹의 파열에 주목함]

수퍼바이지: (잠시 멈춤) 흥미로운 이야기네요! 어떤 의미인가요? [그녀가 비난할지도 모른다는 것을 경계할 뿐만 아니라 꽤 흥미로워함]

수퍼바이저: 저는 그것들을 확인하지 않고 당신에 대해 결론지었어요. 당신이 저에게로부터 특별한 뭔가를 원했지만 당신에게는 저를 알 수 있는 어떤 공간도 허락하지 않았죠. 그리고 당신이… [파열에 개입함]

수퍼바이지: (끼어들면서) 제가 프랭크에게도 똑같이 했어요! 와……! [병렬과정을 확인하고 흥분함]

수퍼바이저: 지금 어떤 생각을 하세요? [병렬과정에 대한 그녀의 이해를 표현할 수 있는 공간을 줌]

수퍼바이지: 저는 이 부분에 대해서 생각하고 있어요. 확실히 알겠어요. 그의 개인사에서, 그가 치료를 원하고 필요로 했지만, 그에게 공간을 주지 않았어요. 그가 어릴 적부터 과거의 모든 외상을 불러일으킬 준비가 되었는지 그것이 의미하는 바가 무엇인지 고려하는 것에 대해서도요. [이제 그녀의 생각을 자유롭게 표현하고, 스스로 대담함을 느낌]

수퍼바이저: 그리고 저는 당신에 대해 너무 확신했어요. 하지만 그건 당신이 저에게서 원하고 기대한 것이 아니라 제가 당신에게 원하고 바라는 것에 대해서만 생각한 거죠! [그들의 파열에 대해서 계속 개입함]

수퍼바이지: 놀랍네요! (웃음) [진정으로 안심이 되고, 그들의 관계가 이제 더 나아질 수 있다는 것에 희망적임]

수퍼바이저: 그렇지 않나요? (웃음) 왜 우리가 여기서 이것을 다시 재현했을까요? [그녀의 웃음에서 엘리스가 이제 더 편안해지고 병렬과정에 대한 더 깊은 이해를 탐색하고 있음을 깨달음]

수퍼바이지: 저는 당신을 완전히 '수퍼바이저'로만 보았고, 제가 프랭크와의 상담이 정말 엉망이었다는 걱정 때문에 겁을 먹었어요. [자신의 역량에 대한 그녀의 솔직한 걱정을 표현하기에 충분히 편안함]

수퍼바이저: 예, 맞아요! 프랭크는 당신을? [병렬과정에 대한 엘리스의 이해를 계속 탐색함]

수퍼바이지: 그는 저를 '완벽한 치료자'로만 봤겠네요. [논의를 즐기기 시작함]

수퍼바이저: … 그리고 겁을 먹었나요? [엘리스가 내담자에 대한 내담자 경험을 망설이며 탐색함]

수퍼바이지: 그렇게 생각해요! [내담자와 그녀의 작업에 대해서 더 이상 방어적으로 느끼지 않음]

수퍼바이저: 그리고 치료 장면처럼 수퍼비전은 겁을 주죠. 때때로 저는 대학원을 졸업한 지 너무 오래 지났기 때문에 그 사실을 잊어버립니다! [파열에 계속 관여하면서: 수퍼비전은 '겁나는 일'임을 표현하면서, 엘리스에게 한 사람으로서 '겁먹는 것'이 충분히 그럴 수 있는 일이라고 타당화함]

해결책

수퍼바이지: 지금 기분이 얼마나 좋아졌는지 놀라워요!

수퍼바이저: 저도요! 앞으로 당신에게 더 많은 공간을 주려고 노력할 것이고 저에게 뭔가를 원하지 않는데도 원한다고 가정하는 것을 하지 않도록 할게요. [파열된 동맹의 교정작업을 직접 보여줌]

수퍼바이지: 그리고 저는 당신의 질문에 너무 겁먹지 않으려고 노력할게요. [이 지점에 완전히 개입됨]

수퍼바이저: 훌륭해요. 당신은 늘 잘해왔듯이 앞으로도 잘해나갈 거예요. 기대해도 되죠?

수퍼바이지: 물론이죠!

이전의 동일한 사건이 처리에 실패한 것과는 달리, 수퍼바이저는 동맹 불화에서 자신이 기여한 부분을 인정했으며 엘리스의 두려움은 수퍼비전 경험에서 흔히 일어나는 경험임을 인정했다. 그러고 나서, 수퍼바이저는 엘리스를 위협했을지도 모르는 병렬과정(즉, 내담자 프랭크에 대해 '결론으로 점프하기')과 엘리스의 준비 부족에 대한 수퍼바이저의 '결론으로 점프하기'에 대해 언급한다. 수퍼바이저와 수퍼바이지 모두 이 '암묵적인 병렬과정 다루기'를 즐거워했고, 이어지는 가벼운 대화를 통해 동맹 관계가 회복되었다는 사실을 알 수 있다. 사건에 대한 성공적인 해결을 통해 이제 엘리스의 임상 장면에 대한 논의로 관심을 돌릴 수 있게 되었다. 역할 모호성과 역할 갈등 사건 모두에서 알 수 있듯이 수퍼비전 관계의 문제는 수퍼바이저와 수퍼바이지의 수퍼비전에 대한 불확실하거나 모순적인 기대 때문에 발생한다. 역할 모호성 사건에서, 수퍼바이저는 수동적인 엘리스의 행동이 맥락적이라고 인식했는데, 즉 수퍼바이지로서 기대되는 역할에 명확성이 필요했기 때문에 발생한 것이라고 보았다. 이와는 대조적으로, 역할 갈등 사건에서는 엘리스의 수동적인 행동이 수퍼비전 상황뿐만 아니라 임상 장면에서도 문제가 될 것으로 간주하여 엘리스의 수동적 행동에 대해 맥락적 영향을 고려하지 못했다. 해결되지 않은 예에서 수퍼바이저는 그녀의 결핍을 암시하면서 엘리스의 방어를 강화시켰다.

해결된 예에서 수퍼바이저는 수퍼비전 동맹에 초점을 맞추어 자신의 역할을 인정하고, 엘리스가 수퍼바이지로서 받은 위협적인 감정을 인정함으로써, 자신의 사회적 권력을 줄이려는 의지를 보여주었다.

특별 고려 사항 : 그룹 수퍼비전의 역할 모호성 및 갈등

이 장에서는 지금까지 개인 수퍼비전만 고려했다. 그러나 그룹 수퍼비전의 맥락에서는 수퍼바이지가 동료와 여러 관계를 맺고 있기 때문에 역할 갈등의 가능성이 높아지는 것을 알 수 있다. 그룹의 수퍼바이지가 성별이나 인종과 같은 다른 지위를 가진 대인관계에 어려움이 있을 때 수퍼비전의 흐름이 쉽게 중단될 수 있다(Friedlander et al., Press). 어느 그룹에서든 임상 기술이 불균형할 가능성이 높으며, 수퍼바이지는 서로의 강점과 약점을 알아가게 될 가능성이 높다. 이러한 이유로, 임상 작업에 대해 서로에게 피드백을 주고받는 것은 특히 관계에 영향을 미치는 외부의 힘(예: 집단원의 경쟁)이 있거나, 동료들로부터 칭

찬과 인정을 기대할 때에 그룹 내에서 긴장을 유발할 수 있다.

그룹 수퍼바이저가 '뜨거운 의자(Hot seating) 기법'을 실시하는 과정에서 수퍼바이지의 개인적인 문제를 지적할 때 그룹 동맹에 대한 불화가 발생할 수도 있다. 이러한 이유로 위험 감수 및 비밀유지에 대한 강력한 안전의식과 명확한 규준이 없는 경우, 수퍼바이저는 주로 그룹에서 교육적이고 공동체적인 역할을 수행하고, 개별적인 수퍼바이지와의 수퍼비전 기능은 줄여야 한다고 제안한다. 실제로, 수퍼바이저가 그룹 내뿐만 아니라 개별적으로 수퍼바이지와 함께 작업하는 경우가 종종 있다. 수퍼바이저와 수퍼바이지 사이에 이중 관계가 있는 상황에서는 역할 갈등이 특히 문제가 될 수 있다. 대학원 과정에서는 수퍼바이저가 강의를 하는 교수이거나, 연구 과제를 함께하거나, 관리 능력을 조언하는 경우가 일반적이며, 여러 수퍼바이지와 관계를 맺고 있기도 하다.

이러한 다양한 역할을 분리하는 것은 특히 어려운 일이다. 우리는 역할 갈등의 가능성을 염두에 두는 것이 수퍼바이지보다 수퍼바이저에게 더 필수적이라고 생각하며, 수퍼바이지에게 다양한 역할 기대를 설명하는 것이 필수적이라고 본다. 수퍼바이지는 여러 역할을 구분하기 위해 수퍼비전 시간 동안 수업 활동 또는 연구 프로젝트에 대해 논의하지 않고 다른 맥락의 상황에서 수퍼비전 중에 논의된 개인적 문제(예: 역전이 또는 대리 외상)를 언급하지 않는 것이 좋다.

결론

다른 분야에서, 수퍼비전의 목표와 과정은 단순하고 행정적인 경향이 있으며, 수퍼비전의 관리적이고 평가적인 측면이 명백한 경향이 있다. 그러나 정신 건강 분야에서, 수퍼바이저는 충분한 복지 보장과 수퍼바이지의 전문적 성장 촉진 사이의 균형을 유지할 필요가 있다. 하지만 불행하게도 때때로, 이 두 가지의 책임은 서로 상충되는 경우가 있다.

게다가 임상 작업은 그 특성상 수퍼바이저와 수퍼바이지에게 매우 복잡한 요구를 한다. 수퍼바이지들은 내담자와의 사적인 임상 자료에 매우 민감한 경향이 있으며, 임상자료를 탐색하기 위한 개방성 및 의지의 정도는 수퍼비전 관계의 편안함과 깊이가 큰 영향을 미친다. 수퍼바이저로부터의 지원과 다양한 역할 요구에 대한 미묘한 맥락적 이해를 통해 수퍼바이지들은 내담자에서 자신에게로 초점이 유동적으로 변화됨으로써 큰 유익을 누릴 수 있다.

03 기술적 곤란과 기술적 결여 및 역량 문제 다루기

Supervision Essentials for the Critical Events in Psychotherapy Supervision Model

수퍼비전의 주요 목표 중 하나는 기술과 역량 개발을 장려하는 것이다. 기술은 적극적인 경청과 수준 높은 공감과 같은 기본적인 것들이며 이를 습득하는 것은 어려운 일이다. 그리고 역량은 개인적이며 전문적인 성장, 진단과 사례개념화 능력, 개인적인 인식, 성찰 및 전문적 태도의 영역을 포괄하는 방대한 상위요인이다(Fouad, 2014). 수퍼바이저는 기술 개발 및 역량의 모든 측면을 모니터링할 책임이 있다. 게다가, 그들은 직업적 문지기(gate keeper)로서, 만약 수퍼바이저가 적절한 수준의 기술과 능력을 보여줄 수 없다면, 본 직업을 떠날 것을 충고하는 도전적인 임무를 맡고 있다. 이 장에서, 우리는 기술과 역량 개발 및 부적절한 수퍼바이지의 수행이라는 까다로운 문제를 다룬다.

'기술'의 정의

우리는 '기술'을 전문적 기술, 대인관계 기술, 개념화 기술의 세 가지 주요 영역으로 개념화하였다. 먼저 전문적 기술은 적절한 바디랭귀지와 목소리 톤의 사용, 느낌 표현하기, 의미 요약 및 의미 구분하기에 해당한다. 이러한 기술들은 상담사가 내담자와 만나기 전에 배우게 되지만 초심자들이 실제 내담자를 만날 때에 비로소 진정한 기술 발달의 시험대에 오르게 된다. 따라서 초보 상담사와 함께 일하는 수퍼바이저는 특정기술을 규칙적이고 적절하게 사용하는 수퍼바이지의 능력에 주의를 기울여야 한다. 초기의 실습 과정은 기술 개발과 관련된 많은 수퍼비전이 이뤄진다. 이 수준에서 수퍼바이저는 종종 강사 역할을 하게 되며, 수퍼바이지가 기본 기술을 기억하고 연습하도록 돕는다. 수퍼바이지가 수퍼바이저의 지도와 코칭의 도움을 받아도 기본 기술의 사용을 시연할 수 없는 경우에는 기술 결여가 존재할 수 있다.

대인관계 기술은 기술적인 능력과 관련이 있으나, 동시에 상담사의 전인적인 면을 포함하는 기술이다. 수퍼바이지들이 대인관계 측면에서 반응한다는 것을 일찍부터 인식해야 한다. 즉, 그들의 역할은 단순히 진단하고 치료하는 것이 아니라, 상담실에서 연약한 한 개인과 심리적으로 정서적으로 존재하는 것이다. 로저스(1951)의 촉진 조건(무조건적인 긍정적 존중, 일치성, 공감)을 제공하는 능력이 대인관계 기술의 핵심이라고 볼 수 있다.

이 기술을 습득하는 데 겪는 문제는 **기술 곤란**과 수퍼바이지의 **기술 결여**로 나눌 수 있다. 수퍼바이지가 기술을 배우는 데 있어 발전적이고 적절한 도전을 겪고 있다면 기술을 시행하는 데서 곤란함을 겪는 것으로 볼 수 있으나, 수퍼바이지가 기술을 배우는 데 있어서 발전 없이 멈춰있는 것처럼 보인다면 기술이 결여된 것으로 볼 수 있다. 훈련 초기에 보여주어야 할 기술(라포 형성 등)을 사용하는 것에 실패한 고급 단계의 수퍼바이지들은 특히 우려된다. 대인관계 기술의 습득과 촉진 조건에 초점을 맞춘 수퍼비전에는 수퍼바이지에 대한 심리적 지원, 수퍼바이지가 내담자에게 제공해야 하는 조건을 모델링하도록 하는 것, 수퍼바이지가 자신의 실수와 모호성을 수용하도록 돕는 것이 포함된다. 이 모든 전략들은 대인관계 영역에서 수퍼바이지의 기술적 어려움에 대처하기 위한 것이다. 만일 수퍼바이지가 초기의 성과에 대한 불안을 극복하지 못하거나, 내담자의 경험과 함께 머물 만큼 충분히 오랫동안 자신의 애매함에 대한 불편함을 한쪽에 제쳐두고 상담을 하기가 불가능해 보인다면, 수퍼바이저는 더 강력한 개입 혹은 교정이 필요한 수퍼바이지의 기술 결여 상태를 직면할지도 모른다.

프로세스 모델: 기술 곤란 및 기술 결여

지표

기술 곤란의 지표들에는 개방형 질문보다는 닫힌 질문을 너무 많이 하는 행위, 느낌, 내용, 의미를 반영하지 못하는 행위, 내담자를 조급하게 안심시키는 행동, 상담 관계에서 상담자와 내담자 간의 문화적 차이를 초기에 해소하지 못하는 것, 내담자에게 지속적으로 우호적이기만 하거나 수다스러운 방식으로 반응하는 것 등이 포함된다. 수퍼바이지가 학습에 개방적이고 정서적으로 유연하다면, 효과적인 기술을 꾸준히 연습하여 개선할 수 있다.

그러나 수퍼바이지가 필요한 행동을 수행할 수 없거나 하지 않는 것처럼 보일 경우 수퍼바이저는 **기술 결여**를 의심해야 한다. 기술 결여의 지표는 수퍼바이지가 필요한 기술을 적절하게 사용할 의사가 없거나 준비가 되어 있지 않다는 증거로 나중에 실습 또는 훈련 과정에서 나타날 수 있다. 수퍼바이지 기술 결여의 일반적인 지표는 몇 주 또는 몇 달 동안의 작업 후에도 기술이 아직 입증되지 않고 있다는 수퍼바이저의 우려에 대해 "저는 그렇지 않습니다"라는 대답이다. 인지행동치료(CBT)나 현실치료와 같은 특정 유형의 구조적 치료법만 내담자에게 제공할 계획이라고 주장하는 수퍼바이지는 대인관계 능력의 결여를 기술 곤란인 것처럼 보이려고 전문성의 가면 뒤에 숨기려 할 수도 있다. 그러한 기술 결여는 수퍼바이지의 인지적 혹은 정서적 경직성을 나타내는 것이며, 이러한 경직성을 다룰 필요가 있다.

과업 환경과 해결책

수퍼바이지 발달에 많은 도전 과제들이 있고, 이를 평가할 때 상호작용에 초점을 맞추는 것은 필요하지만 충분하지 않다. 수퍼바이지는 자신의 치료 작업에 어떤 유형의 기술이 쓰이지 않는지 정확히 이해해야 하며, 그 기술을 발휘할 수 없는 것이 불리한 평가를 가져올 것이라는 것을 이해해야 한다. 이러한 이유로, 많은 교육 프로그램들은 교육생들이 내담자와의 작업을 비디오로 녹화하여 수퍼비전에서 수퍼바이저에게 보여주거나 보여주지 않는 기술을 모두 영상으로 보며 평가할 수 있도록 요구한다.

단순한 기술 문제를 배제하고 **기술 결여**가 있음이 분명해지면, 그 원인을 파악하는 것부터 시작하는 것이 중요하다. 원인 파악에 대한 과제는 확인된 기술 결여의 이름을 지정하고, 그 결여의 근저에 대해 질문하는 것이다. 그것은 수퍼바이지가 단순히 그 기술을 조작적으로만 정의하고 그것을 관찰할 수 있는 행동으로 변환하지 못한 것일 수도 있다.

그림 3.1 기술 곤란 사건 해결을 위한 과업 분석 모델

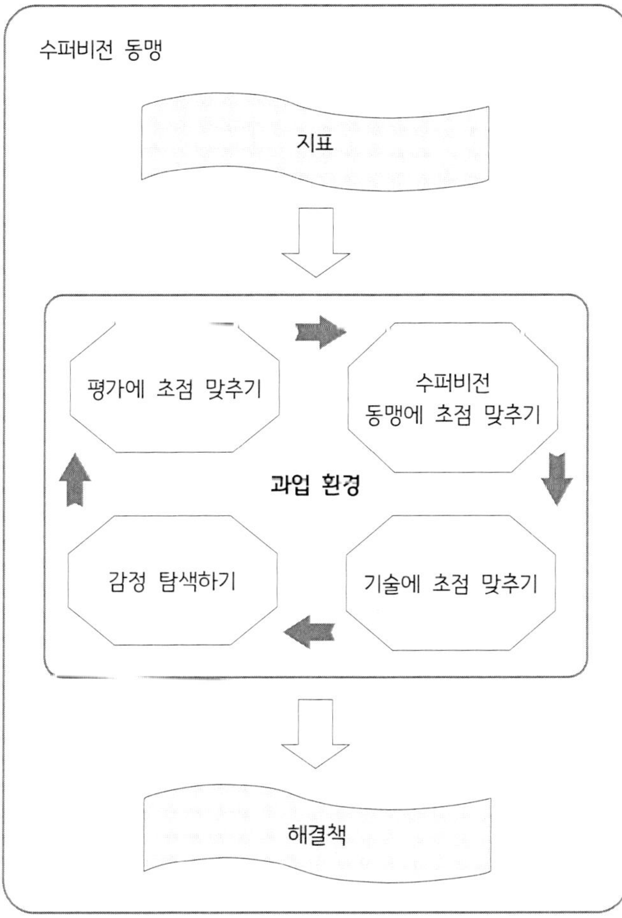

감정에 라벨을 붙이는 것은 무엇을 의미하는가? 수퍼바이지는 적절한 감정 어휘를 알고 있는가? 수퍼바이지는 어느 시점에 감정을 반영해야 하는지에 대해 몰라서 혼란스러워하는가? 내담자의 감정을 라벨링하여 내담자의 공간을 '침범'하는 것은 부적절하다고 생각하는가? 수퍼바이지는 내담자가 감정에 압도되는 것에 대한 우려가 있어 감정을

다룰 때 두려움을 느끼는가? 아니면 자신의 경험상 감정을 다루는 것이 안전하지 않았기 때문에 수퍼바이저가 감정에 대해 논의하는 것을 방어하는 것인가?

기술 결여의 근본 원인이 밝혀져야만 적절한 수퍼비전 개입을 선택하고 시행할 수 있다. 많은 경우에, 특정 기술을 사용하는 수퍼바이지의 어려움이 무엇인지 이해하려면 감정의 탐색이 필요할 수 있다. 또는 수퍼바이지가 수퍼바이저의 평가 피드백을 받는 과정에서 방어적인 태도를 취한다면 수퍼비전을 위한 동맹에 대해 초점을 맞춰야 할 수도 있다.

수퍼바이지의 행동에서 학습과 새로운 기술을 사용하려는 의지가 나타낼 때 기술 문제와 관련된 해결책이 생겨난다. 수퍼바이지가 특정 기술을 발전시키는 데 도움을 주려는 수퍼바이저의 시도에 계속 저항하는 경우, 문제는 해결되지 않은 것으로 간주된다(그림 3.1 참조).

성공적으로 해결된 기술 결여 사건의 예시

이제 1장에서 언급한 과업 분석 모델을 사용하여, 수퍼바이지의 대인관계 기술 부족과 수퍼바이저의 기술 결여 다루기 접근 방식이 나타난 예를 설명한다. 다음의 상호작용 예시는 평가 세션에서 수퍼바이저가 수퍼바이지의 특정 기술(감정 반영하기)에 대해 직접적으로 피드백을 주고 있다. 수퍼바이저는 50대 중반의 백인 여성으로 25년간의 치료와 수퍼비전 경험을 가지고 있으며, 수퍼바이지는 30대 초반의 아프리카계 미국인 여성으로 대학원 과정에서 첫 실습을 하고 있다. 수퍼비전 관계는 서로 친절하며 긍정적인 편이다. 수퍼바이저와 수퍼바이지는 이미 그들의 인종적 차이를 다루었고 그러한 차이점과 관련하여 발생할 수 있는 모든 문제에 대해 논의하기로 합의했다.

지표

수퍼바이저는 그녀의 수퍼바이지에게 감정 표현을 사용하도록 지도하고 있으나 반복적으로 어려움을 겪고 있다. 이 경우, 첫 번째 지표는 명백했는데, 이는 수퍼바이지의 치료 세션에서 수퍼바이지가 보이는 행동에 대해 기록된 양식에서 나타났다. 기록된 것은 전체적으로 내담자에 대한 수퍼바이지의 응답에 감정관련 진술이 부족하다는 것이다. 두 번째 지표는 수퍼바이지가 수퍼바이저의 코칭에 무반응을 보였으며, 이는 **기술 결여**를 나타낸다.

과업 환경

평가에 초점 맞추기

수퍼바이저: 그래서 지난 몇 주 동안 논의해왔지만, 저는 여전히 당신의 작업에서 풍성한 감정들이 반영되는 것을 볼 수 없네요. 우리가 이것에 대해 이야기하고, 무엇이 당신을 힘들게 만드는지에 대해 논의해야 할 시점이 온 것 같아요.

동시에 저는 당신이 정말로 당신의 내담자들의 감정에 라벨을 붙이려고 애쓰고 있다는 것을 느껴요. 그것이 당신에게 어떠한지 궁금해요. [수퍼바이지의 경험을 존중하면서 피드백을 전달하고자 함]

수퍼바이지: (방어적으로) 저는 치료에서 감정이 중요한지 잘 모르겠어요.

수퍼바이저: 무슨 뜻인지 좀 더 자세히 말해줄래요? [의미를 이끌어내기]

수퍼바이지: 저는 치료가 그 목표에 도달하기 위한 목표와 전략을 세우는 것이어야 한다고 생각해요. 저는 치료에서 감정의 가치에 대해 확신할 수 없어요. 우리는 내담자들이 그들의 문제를 해결하는 것을 돕기 위해 그곳에 있다고 생각해요. 단지 슬퍼서 울고 마는 세션에 관여하기 위해서가 아니죠. [방어적으로 대응함]

수퍼바이저: 그래요. 그래서 당신은 내담자들의 감정을 파악하고 또한 감정적으로 반응하는 것이 좋은 치료를 위해 필요하지 않을 수도 있다고 믿는군요. 그래서 당신은 감정에 빠지는 것을 시간 낭비라고 보겠네요. [내용과 의미의 모델 반영]

수퍼바이지: 네. 그래요. 저는 그것이 왜 중요한지 이해할 수 없어요.

여기서 수퍼바이저는 선택 상황에 마주하게 된다. 그녀는 상담에서 감정이 왜 중요한지에 대해 깊은 대화를 할 수 있고, 이에 따라 수퍼바이지와 인지적인 수준에 머물 수 있다. 다른 방법으로, 그녀는 수퍼비전을 위해 작업 동맹 관계 내에서 감정을 다루는 쪽으로 더 과감한 조치를 취할 수도 있다.

수퍼비전 동맹에 초점 맞추기

수퍼바이저: 이 얘기를 저하고 나누는 게 불편할 것 같아요. [수퍼바이지에게 관계에 초점을 맞추도록 권유함]

수퍼바이지: 맞아요. 하지만 전 감정에 별로 연연하지 않아요. 인생은 맞춰야 할 퍼즐과 같아서 차라리 그런 식으로 보는 게 나아요. [권유에서 물러남]

수퍼바이저: 그래서 여러 가지 면에서, 감정을 불러일으키는 백인 수퍼바이저인 저와 여기에 함께 앉아 있는다는 것은, 당신의 안락한 영역에서 벗어나 있는 느낌일 것 같아요. 제 말은, 어쩌면 당신에게 백인으로서의 저의 가치를 강요하려는 것처럼 보일 수 있을까요? [직감적으로 진행, 수퍼바이저는 인종 차이를 수퍼비전에서 감정을 가지고 작업하는 것과 관련된 긴장감의 원천으로 추측하고 있음]

수퍼바이지: 좀 그럴지도 몰라요. 음… 저는 백인들만 사는 동네와 도시에서 흑인으로 자라야 했어요. 그래서 유능하고 통제력 있는 것처럼 보여야 했기 때문에 사회생활에서 감정을 가질 수 있는 사치를 누려보지 못했어요. 저는 지금까지 나 스스로를 백인들 앞에서 울도록 허락해 본 적이 없어요. [현재의 개입을 받아들이고 참여함]

수퍼바이저: 감정을 드러내면 비판이나 조롱에 노출될까 봐 두려웠나요? [감정의 모델 반영]

수퍼바이지: 물론이에요. 저는 백인 학생들이 공공장소나 수업 중에 무슨 일이 일어나고 있는지 '모르는' 것처럼 보여야 하는 사치를 느껴본 적이 없어요. 저는 무슨 일이 일어나고 있는지 잘 아는 것처럼 보이는 것에 자부심을 느껴요. 그래서 감정을 표현하거나 감정에 대해 이야기하는 것을 스스로에게 허락한 적이 없어요. 그것을 감당할 여유가 없었어요. [듣고 더 깊이 관여함]

수퍼바이저: 저는 백인 수퍼바이저예요. 그래서 우리가 혹은 당신이 당신의 백인 내담자와 함께 감정의 영역으로 간다면, 그것은 그 오래된 감정과 두려움을 불러일으키겠네요.

수퍼바이지: 네.

감정 탐색하기

수퍼바이저: 저는 방금 당신이 나에게 두려움이란 느낌과 그 느낌 뒤에 숨겨진 걱정들을 밝혔다는 것을 알게 되었어요. 지금 기분은 어떤가요? [감정에 더 초점을 맞춤]

수퍼바이지: 이상하고… 좀 무섭네요.

수퍼비전 동맹에 초점 맞추기

수퍼바이저: 혹시 제가 당신을 판단할까 봐 걱정이 되나요? 타샤, 이건 정말 지독한 속박이네요. 이런 문화 속에 있는

것이 당신을 그런 기분으로 만들다니 너무 슬퍼요. 저도 그렇지만 우리 둘 다 이렇게 느낄 수 있다는 사실이 더 슬프고요. [대화를 다시 동맹으로 이끔]

수퍼바이지: 괜찮아요. 사실 당신이 괜찮다고 느껴요. [신뢰를 나타냄]

수퍼바이저: 무섭다고 하지 않았나요. 괜찮다는 말이 무엇인지 잘 모르겠네요.

수퍼바이지: 글쎄요, 제 말은 일반적으로는 무섭지만 당신에겐 그렇게 크지 않다는 거예요. 난 당신을 믿어요. [동맹의 일반적인 수준을 반영함, 그것은 신뢰에 뿌리를 두고 있음]

수퍼바이저: 그렇다면 방금 당신의 감정에 라벨을 붙인 기분이 어땠나요? [지금–여기의 감정을 탐색]

수퍼바이지: 정말 기분이 좋았어요. 당신이 열려있고, 이해하고 있는 것 같았어요. [그녀의 감정을 반영함으로써 이익을 얻음]

기술에 초점 맞추기

수퍼바이저: 지금 경험한 것과 같은 감정에 라벨을 붙이는 작업이 내담자에게 도움이 될 수 있을까요? [개입에 대한 효과 평가 시도]

수퍼바이지: 네, 이제 할 수 있어요. 하지만 어떻게 하면 당신이 그랬던 것처럼 할 수 있을까요?

수퍼바이저: 자, 여기서부터 시작해봐요. 지금 제 기분은 어떨 것

같나요? [수퍼바이지에게 기술 연습을 권유함]

수퍼바이지: 제가 방금 당신의 요점을 이해한 것에 대해 당신은 꽤 안심하고 있는 것 같아요. (웃음).

수퍼바이저: 굉장해요! 당신 말이 맞아요. 지금은 그렇게 어렵지 않았죠? [원하는 기술을 해내는 수퍼바이지의 성공 여부를 확인]

수퍼바이지: 맞네요. (웃음) [감정을 반영할 수 있는 자신의 능력을 인정함]

수퍼바이저: 예전엔 감정이 당신의 마음 끄트머리에서 나올 듯 말 듯 했는데, 이번에는 스스로 그것을 말하도록 허락해주었네요. 내담자들에게도 이렇게 하는 걸 더 연습할 수 있겠어요? [수퍼바이지를 인정하고 연습을 권유함]

수퍼바이지: 네, 시도해 볼 수 있어요.

해결책

수퍼바이저: 좋아요. 이번 주에 어떻게 진행될지 알아보죠. 당신이 할 수 있다는 걸 알아요. [방금 입증된 수퍼바이지의 역량 인정]

수퍼바이지: 좋아요. 약간의 작업과 집중이 필요하겠어요. [기술 연마하기]

수퍼바이저: 그리고 숨 쉬듯 편안하고 자연스럽게… [지원 제공]

수퍼바이지: 숨 쉬듯 편안하고 자연스럽게…

이러한 상호작용에서 수퍼바이지는 자신의 가치를 입증하고자 수퍼바이지로서 개발해야 하는 다양한 기술을 모델링한다. 위의 예시에서 수퍼바이저는 수퍼바이지가 아프리카계 미국인으로서 어려움을 겪고 있으며, 백인 수퍼바이저로부터 부정적인 평가를 받을 수 있다는 두려움을 인정해주었다. 수퍼비전 관계의 맥락 안에서 수퍼바이지의 두려움을 해소하는 것은 상호작용을 심화시키고, 수퍼바이지가 자신의 감정을 안전한 대인관계의 장에서 표현할 수 있게 한다. 그런 다음 수퍼바이저는 수퍼바이지의 감정에 라벨을 붙이도록 하는데, 수퍼바이지는 이를 성공적으로 수행했다. 수퍼바이저는 감정을 반영할 수 있는 수퍼바이지의 능력을 지지하고, 내담자에게 더 많은 것을 시도하도록 요청한다.

문제 있는 감정, 태도, 행동들을 다루는 것

기술 곤란과 기술 결여는 수퍼비전에서 다루어야 하는 수퍼바이지 역량의 한 가지 측면에 불과하다. 상담사의 전문적 발달의 정상적인 진행을 방해할 수 있는 다른 역량 문제들이 있다. Forrest, Elman, Gizara, and Vacha−Haase(1999)는 상담사 발달에서 무능성과 손상된 수행을 구분했다. 손상된 수행은 한때는 능력을 발휘한 적이 있지만 현재는 능력을 발휘할 수 없는 상황에 직면한 수퍼바이지를 묘사하기 위해 사용했다. 반면 무능성은 전혀 능력이 발달되지 않은 상태를 말한다. 수퍼바이지들과 작업하는 과정에서 수퍼바이저들은 상황적인 이유로 역량을 발휘할 수 없는 수퍼바이지들뿐만 아니라 기능 자체가 '손상된(impaired)'

수퍼바이지들과도 마주친다. 하지만 본 책에서는 '손상되었다(impaired)'는 것은 '장애(disabled)'를 가졌다는 의미와 혼동될 수 있기 때문에 수퍼바이지의 행동을 설명하기 적절한 단어인 'problematic(문제가 있는)'을 사용한다.

자신감의 위기

역량과 관련된 주요 사건들은 수퍼비전에서 가장 자주 논의되는 딜레마에 속하는데(Chen & Bernstein, 2000), 특히, 초보자에게는 더하다(Rabinowitz, Heppner, & Roehlke, 1986). Hogan(1964)에 따르면, 자신감의 위기는 내담자와 초기 관계를 맺었지만 치료 개입의 복잡성을 어떻게 관리해야 할지 여전히 확신이 없는 상담사에게 흔하게 나타난다. 실제로 Mallinckrodt와 Nelson(1991)은 두 번째 실습에 참여한 학생들이 내담자와의 치료적 동맹을 첫 실습 때보다 훨씬 낮게 평가했다는 사실을 발견했다. 이는 수퍼바이지들이 치료적 개입의 현실과 복잡성을 인식하기 시작하면서 생겨나는 것으로 이러한 평가는 정상적인 것이며 자신감의 하락을 나타낸다.

자신감의 위기는 대개 무능성보다는 일시적인 어려움을 반영하기 때문에 수퍼비전에서는 일반적으로 수퍼바이지가 감정에 압도되는 것을 일반화하고, 그들이 자신의 사례를 관리하는 데 도움이 되는 치료 전략을 개발할 수 있도록 돕는 것이 포함된다. 종종 내담자의 성장은 수퍼바이지의 일시적인 자신감 상실을 해결할 수 있다. 그러나 간혹 수퍼바이지는 나아지지 않는 내담자를 마주할 수 있다. 이는 특히 내담자가 만성적 정신질환을 앓고 있는 경우로서, 의학적 치료와 심리치료의 개입을 모두 저항하면, 내담자의 심각한 병리를 마주한 수퍼바이지들은 낙담하게 되고 스스로의 능력을 의심하기 시작할 수 있다. 이러한 상황에서의 수퍼비전은 수퍼바이지가 치료 효과의 한계를 인식하고 그러한 상황을 개인적인 것으로 받아들이지 않도록 돕는 것이 포함된다. 그러나 상담사의 성장을 발달시키는 데에는 상담사로서의 성공 경험이 필요하기 때문에, 수퍼바이저는 그들의 수퍼바이지들, 특히 초보 수퍼바이지들로 하여금 그들이 효과적으로 개입하고 있다고 느낄 수 있는 사례들을 배정하도록 하는 것이 중요하다.

또한 수퍼바이지가 얼마나 효과적이고 성공적인 치료를 진행했는지의 여부와 관련 없이 수퍼바이저는 그들의 성장을 확인하고 인정하는 것이 중요하다.

대인관계 및 성격상의 어려움

일과 관련된 스트레스 요인(자신감의 위기, 정서적 피로, 간접적인 정신적 충격)은 일시적으로 문제를 가진 생각과 감정을 초래한다. 반면에, 지속적인 대인관계 및 성격적 어려움을 겪는 수퍼바이지들은 문제 있는 태도와 공격적인 대인관계 행동 때문에 수퍼바이저의 주목을 받게 된다. 많은 상담사들이 트라우마와 관련된 '마음의 응어리'와 개인사에서 좌절된 욕구를 가지고 그 분야에 들어가지만(Barnett, 2007), 상담사들이 무의식적인 필요와 동기를 모르는 채로 내담자, 동료, 수퍼바이저에게 부적절하게 행동할 때 문제가 발생한다.

정신분석 분야에서 훈련의 목적은 수퍼바이지들이 무의식적인 경험을 인식할 수 있도록 도와 그들이 내담자와 함께하는 상담장면에서 자신을 이해하고, 세심하게 조율될 수 있도록 돕는 것이다. 그러나 많은 훈련 환경에서 이러한 유형의 통찰은 목표가 되지 않는다. 알아두어야 할 것은 수퍼바이지가 성격 형성에 있어 영향을 미쳤던 고통스러운 경험은 내담자와의 초기 관계에서 강력한 영향을 미칠 수 있다. 게다가, 성격이 형성된 환경에서 학습된 태도는 훈련 중인 상담사들이 다른 사람들과 대인관계를 맺는 부분에서도 부정적인 영향을 미칠 수 있다. 예를 들어, 모든 질문에 옳고 그른 답이 있다고 믿게 된 상담사는 대부분의 내담자들의 어려움에 대한 모호성과 복잡성을 논의하는 데 어려움을 겪을 수 있다. 수퍼비전에서 수퍼바이지와의 심각한 어려움에 처하게 되는 결정적인 요소는 수퍼바이지가 이해하는 것에 대해 저항하는 것, 이로 인해 관계에 영향을 미치는 것, 변화에 대해 거부하는 것이다.

과업 분석 모델: 문제가 있는 태도 및 행동 사건 해결

지표

성격적으로 심각한 문제가 있는 수퍼바이지들은 그들과 관련한 이 문제가 얼마나 중요하고, 이에 대해 논의하는 것이 얼마나 타당한 일인지 받아들이는 것이 쉽지 않다. 더욱이 성격적 문제는 강도가 다르기 때문에 문제가 있는 태도나 행동상 중요한 사건의 지표는 해석하기가 더 어렵다.

고착된 성격상의 어려움을 겪는 수퍼바이지는 매우 비협조적이거나 적대적일 수 있고, 큰 소리로 불평함으로써 다양한 수퍼바이저와 조언자들을 삼각관계로 분류하고 '분열'시키거나, 수퍼비전 관계를 깰 수도 있다. 또한 지표는 그룹 수퍼비전, 관계자 회의 또는 광범위한 전문 환경(예: 보조 관계자, 대기 중인 내담자 또는 같은 영역의 동료)에서 명백해질 수 있다.

물론, 내담자와의 상담장면에서도 '성격적 어려움'이 표면화될 수 있다. 사실, 심각한 관계상의 문제를 가진 사람들은 종종 그들 스스로 이러한 어려움을 인식하지 못하기 때문에, 지표들은 관찰에 의해서만 나타난다. 그래서 여러 상황(예: 심리치료, 수퍼비전, 동료와의 관계 또는 수업과 세미나)에 걸친 관찰은 필수적이다. 주의해야 할 부분은 상황이 지속적으로 나타나는 것이 아니라 일시적으로 나타난 것일 수 있다는 것이다. 그리고 수퍼바이지의 내담자에 대한 민감성 부족이 대인관계나 치료기술 부족보다 성격적 문제를 나타낸다고 섣불리 가정하는 것도 현명하지 못한 일이다.

'성격적인 어려움'의 흔한 지표는 수퍼바이저가 수퍼바이지에 대해 지나치게 걱정하는 것이다. 더욱이 그러한 걱정과 관련한 논의, 추가적으로 진행되는 수퍼비전, 추가 관찰 및 추가 평가를 진행하는 것으로 수퍼바이저의 시간이 지나치게 소요될 수 있다.

수퍼바이저는 수퍼바이지의 다른 사람과의 상호작용에 대해 어떤 것이 건강하거나 기능적이지 않다는 것을 알아보려고 점점 더 몰두하게 될 수도 있다. 때때로 수퍼바이저는 수퍼바이지의 특정한 행동에 지속적으로 반응한다고 느낄 수도 있다. 이는 수퍼바이저에게 익숙하지 않거나, 내담자에 대한 수퍼바이저의 반응을 반영하거나, 성격적 문제가 있는 것으로 확인된 수퍼바이지의 반응을 반영한다. 심각한 경우, 수퍼바이저들은 갑작스러운 화, 혼란, 방어, 격노, 수퍼바이지에 대한 부적절한 감정 등 그들 스스로 놀랄 만한 방식의 반응을 할 수 있다. 수퍼바이지의 매우 부족한 기술과 심각한 성격장애를 구별하는 것은 특히 어려운 과제다. 때로는 성격장애처럼 보였으나, 적절한 개입을 받으면 실제로는 변화할 수 있는 완고한 대인관계 스타일을 가진 것일 수도 있기 때문이다.

과업 환경과 해결책

이러한 종류의 사건에서의 과업은 문제가 있는 행동, 태도, 감정을 다루는 것이다. 기술 곤란과 기술 결여를 구분하는 것도 중요하지만 자신감의 위기나 그보다 더 심각한 것(예: 간접적인 외상)을 구분하는 것도 중요하다. 만약 수퍼바이지에게 단순히 자신감의 위기가 닥친다면, 단순한 감정의 탐색, 수퍼바이지의 요구에 응해주기 정도가 필요할지도 모른다. 그러나 정신적 고통이 위중한 경우 이를 개선하기 위해 수퍼바이지의 말을 (원인 탐색을 위해) 주의 깊게 듣고, 내담자를 대하는 것과 관련된 좌절과 스트레스 요인을 표출하거나 처리하도록 할 수 있다.

수퍼비전 동맹에 대한 관심도 중요하다. 많은 상황에서 저항적인 수퍼바이지 행동으로 동맹의 불화(Friedlander, 2015; Nelson, Gray, Friedlander, Ladany & Walker, 2001)가 발생할 수 있다. 불화란 주제가 없고 해결되지 않은 상태로 방치된 수퍼바이저와 수퍼바이지 사이의 오해나 갈등의 결과이다. 불화 상황에서 양 당사자는 상호작용에 불편함을 경험하며, 둘 중 하나 또는 둘 다 불편함의 원인을 모를 수 있다. 그렇기 때문에 수퍼바이저가 관계적인 불편함이 커지고 있다는 것을 명확히 이해하고 있지 못하더라도, 불편함을 해결하고 처리하는 것은 중요하다. 이러한 불편함은 수퍼바이지의 치료 관계 장면에서도 나타난 것일 수 있으며, 수퍼바이저는 병렬과정에 주의를 기울여야 한다. 갈등의 원인에 대한 솔직한 논의는 대인관계의 괴로움을 분산시킬 수 있고, 향후의 오해를 피하기 위해 한쪽이나 양쪽이 무엇을 해야 하는지를 명확히 할 수 있다.

그림 3.2 문제가 있는 수퍼바이지 행동 사건 해결을 위한 과업 분석 모델

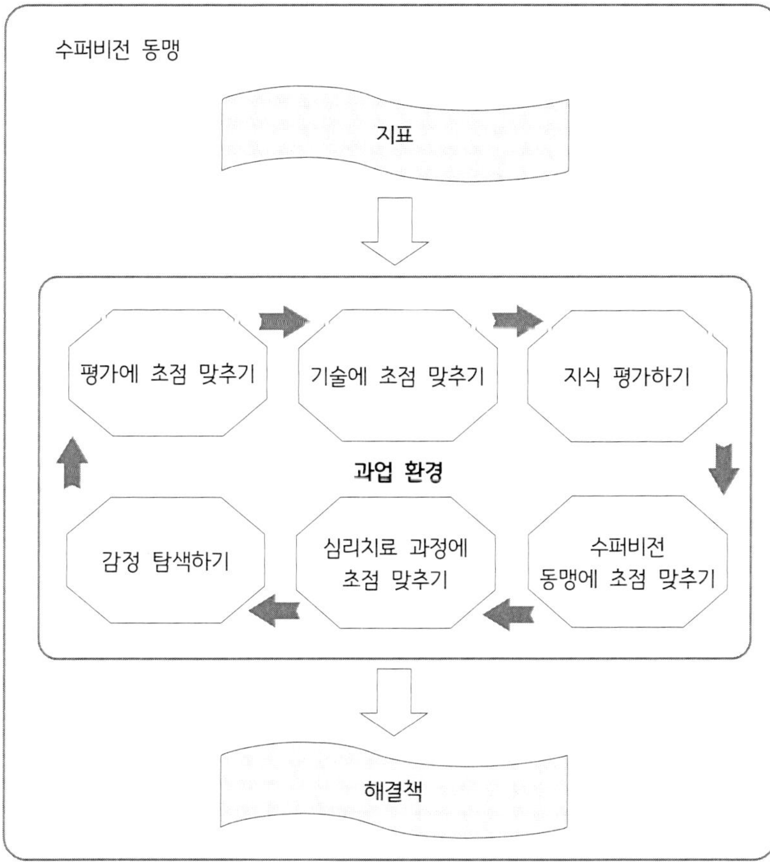

저항적인 수퍼바이지의 행동의 원인과 상관없이 수퍼바이저는 수퍼바이지의 지식과 기술을 평가해야 한다. 따라서 지식 평가하기 순서와 평가에 초점을 맞추고 기술에 초점을 맞추는 순서는 문제가 있는 행동 사건의 성공적인 해결을 위해 중요할 수 있다(이러한 종류의 사건을 다루기 위해 〈그림 3.2〉를 참조).

성공적으로 해결된 문제 행동 사건의 예

다음의 상호작용에서 수퍼바이저는 45세의 백인 남성이며, 수퍼바이지는 40세의 백인 여성으로 전직 고등학교 교사이다. 수퍼바이지는 내담자에게 과제를 내주는 것에 편안한 기분을 가지길 바라며, 이에 대해 내담자들의 협조를 기대하고 있다.

지표

이 사례의 지표는 수퍼바이저의 관찰 내용으로서, 그녀의 지나치고 문제성이 많은 지시들이 내담자의 치료 참여에 영향을 미칠 수 있다는 것을 스스로 보지 못한다는 것이다. 수퍼바이저는 수퍼바이지의 통제의 적절성(내담자의 현재 선택을 받아들이고 탐색하는 능력에 영향을 미칠 정도의 통제)을 의심하였다.

수퍼바이저: 반가워요, 레슬리. 이번 주 로렌은 어떻게 됐나요?

수퍼바이지: 참. 그녀는 나타나지 않았어요. 왜 그런지 잘 모르겠어요. 저는 이번 주에 그녀를 보지 못했어요.

수퍼바이저: 그 말은 아직 노쇼(no-show)에 대해 로렌과 이야기하지 않았다는 거지요?

수퍼바이지: 네. 저는 그녀에게 좀 질렸어요. 뭐라고 불러야 하지? 무례함. 내 생각엔 이것을 묘사하는 가장 좋은 단어라고 생각해요. 그녀는 그냥 존중이 없는 것 같아요.

여기서 수퍼바이저는 수퍼바이지의 말들로 그 문제를 엿보게 된다. 그녀는 내담자가 자신의 지시에 대해 마음이 열려 있지 않은 것을 '무례함'으로 보는 것 같다. 권위의 필요성에 대한 이러한 견해는 그녀의 지시성이 기술 부족이라기보다는 성격적 문제일 수 있다는 수퍼바이저의 가설을 지지한다. 그는 수퍼바이지에게 직접적인 제안을 함으로써 자신의 가설을 시험해 보기로 결심한다. 만약 그녀가 긍정적으로 반응한다면, 그는 단순한 기술 부족으로 보겠지만. 만약 그녀가 저항한다면, 그는 이를 성격적인 문제로 보게 될 수도 있다.

과업 환경

기술에 초점 맞추기

수퍼바이저: 그녀가 당신에게 저항적이었다는 것은 알고 있지만, 연락을 해서 왜 그녀가 오지 않았는지 알아보는 것이 좋을 것 같아요. 알겠죠? [지시적인 태도를 견지하면서 수퍼바이지에게 확인하기]

수퍼바이지: 다시 말하지만 그녀는 들어와 앉아서 저를 반항적으로 쳐다보기만 해요. 그녀는 제 질문에 단답으로 대답해요. 그런 태도가 내담자의 모습은 아닌 것 같아서 그녀가 오지 않은 것이 놀랍지 않아요. 그리고 그녀가 다시 돌아오지 않아도 놀라지 않을걸요.

수퍼바이저: 그래도… 연락하는 것이 좋을 것 같아요. [지시적인 자세를 유지하기]

여기서 수퍼바이저는 수퍼바이지에게 영향을 미치기 위해 지시를 두 번 시도했다(효과없음). 기술에 대한 초점은 계속된다.

수퍼바이지: (끼어들며) 당신이 제게 요청한 일을 하지 않은 것에 대한 변명은 아니에요. 하지만 저는 그녀가 무엇이 필요한지 알아요. 그건 바로 직업이 없는 그녀의 남자친구와 헤어지는 거예요. 그는 그녀가 출근해서 일을 하는 동안 하루 종일 집에서 비디오게임을 하고 있어요. 그가 왜 집에만 있냐고 물으면 그녀는 대답을 거부해요. 전 속으로 '이봐요. 나는 당신을 여기서 도우려고 하고 있는데 당신은 응하지 않아요. 도대체 나에게 원하는 게 뭐예요?'라고 말하게 되고 너무 화가 나요. [방어적으로 대응함]

수퍼바이저의 개입에 대한 수퍼바이지의 반응을 보면 수퍼바이저는 기술 부족을 다루기보다는 그녀의 성격 패턴을 다루고 있다는 것을 알 수 있다. 다음 단락에서 그는 그 문제를 더 깊이 탐색하길 원한다.

감정 탐색하기

수퍼바이저: 그녀(내담자가)가 당신의 조언을 받아들이지 않는 게 답답하군요. [기술에 초점 맞추기에 대한 수퍼바이지의 저항을 인식하고, 내담자의 저항과 관련된 그녀의 감정을 탐색하기 위해 전환하기]

수퍼바이지: 지난번에 만났을 때 저는 그녀에게 내담자가 된다는

것이 어떤 의미인지 말했어요. 또한 그녀에게 당신이 이 남자와 함께 지내면서 뿌린 대로 거두고 있다는 것을 깨달을 필요가 있으며, 그녀가 스스로를 돕지 않기 때문에 우울해하고 있다는 것을 깨달아야 한다고 말했어요. 내담자가 된다는 것은 기꺼이 변화해야 한다는 것을 의미해요. 하지만 그녀는 변하려고 하지 않을 거예요. 그래서 저는 그녀에게 질렸어요.

수퍼바이저: 그녀와 끝내고 싶은 기분이 들겠네요. [수퍼바이지의 좌절감을 반영하기]

수퍼바이지: 네. 정말 그래요. 그녀가 그 남자와 함께한 지 3년이 지났고, 그는 대학 수업 강의를 그만둔 이후로 일을 하지 않았어요. 그리고 그들의 집세는 너무 비싸요. 그녀가 두 사람 모두를 부양할 만큼 충분한 돈을 벌지 못하는데 그렇게 많은 돈을 내겠다고 집을 계약했다는 것을 믿을 수 없어요. 그녀는 그가 공짜로 얹혀서 살 것이라는 것을 알았어야 했어요. 아주 어리석은 결정을 내린 거죠. 저는 그녀에게 자신의 의사결정에 대해 어떻게 생각하는지, 좋은 결정을 한 것이 맞는지 물었고, 그녀는 그렇다고 말했어요. 어떻게 그렇게 어리석을 수 있죠? 전 그녀에게 당신의 결정으로 이 난장판이 된 거라고 말했지만 그녀는 듣지 않았어요. 그리고 말을 하지 않았어요. 내담자가 내담자답지 않을 때 내가 어떻게 해야

하는 거예요? [더욱 좌절감을 표현함]

수퍼바이저: 그녀가 당신이 원하는 대로 행동해야 한다고 생각하는 것처럼 들리네요. 그리고 그녀가 당신의 충고를 받아들이지 않는다는 사실 자체가 당신을 꼼짝 못하게 만드는 것 같네요. [수퍼바이지의 좌절의 원인을 반영하여, 수퍼바이지의 감정을 이해한다는 것을 표현하기]

수퍼바이지: 맞아요!

지식 평가하기

수퍼바이저: 우리가 이전에 당신이 사용하는 주된 이론이나 이론들에 관해 이야기한 것을 기억하고 있는데, 이번에는 그녀와 함께하는 작업에서 어떤 이론을 사용하고 있나요? [수퍼바이지가 내담자에 대한 접근 방식을 어떻게 개념화하고 있는지 이해하고자 함]

수퍼바이지: 음, 저의 주된 이론은 해결중심이론에 초점을 맞추고 있지만, 인지행동치료도 사용하기를 원하기 때문에, 결국 내 이론은 두 가지를 결합시킨 것이라고 생각해요.

수퍼바이저: 그러면 내담자들이 목표를 달성할 수 있도록 그들이 현재 하고 있는 행동을 바꿀 전략을 세우는 것이 당신에게 중요하겠네요. [수퍼바이지의 뜻을 개인화함]

수퍼바이지: 그래요. 하지만 그녀는 그러지 않을 거예요. 그녀는 앉아서 저를 바라만 보면서, 분명히 자기에게 유익이

되는 일을 하지 않을 거예요.

수퍼바이저: 그럼 그 일은… 남자친구를 떠나는 것인가요? [명확히 하기]

수퍼바이지: 네. (기대해서 수퍼바이저를 쳐다본다)

수퍼바이저: 그건 당신의 목표처럼 보이지만, 그녀의 목표는 아닌 것 같아요. [수퍼바이지가 해결중심치료를 얼마나 잘 이해하고 있는지 알아보기 위한 테스트]

수퍼바이지: 그래요, 하지만 그게 그녀의 목표가 되어야 해요! (웃으며 손을 들음)

심리치료 과정에 초점 맞추기

수퍼바이저: 당신도 알다시피, 해결중심치료의 중요한 측면 중 하나는 내담자가 스스로 상담을 위한 목표를 정하고 확인하는 사람이 되어야 한다는 거예요. 또 다른 중요한 측면은 목표 설정이 성공적으로 이뤄지기 전에 치료적 동맹관계가 튼튼해야 한다는 점이에요. 그래서 저는 그 내담자와의 관계가 얼마나 강한지 궁금해요. [내담자와의 동맹에 대한 수퍼바이지의 경험에 초점을 맞추기]

수퍼바이지: 당연히 그녀의 무례함 때문에 우리는 좋은 관계를 맺지 못하고 있어요. 게다가, 저는 그녀가 어떻게 그런 태도로 사람들과 좋은 관계를 맺을 수 있는지 모르겠어요. 그녀는 반항적인 아이처럼 행동해요. 저는 반항적인 아이 같은 사람과 상담을 하고 싶지 않

아요. 저는 이미 그런 두 명의 자녀들이 있었고(웃음) 그것으로 충분해요. 저는 14년 동안 교사였어요. 반항적인 아이들로부터 벗어나기 위해 학교로 돌아갔었어요!(여전히 웃음)

누군가와 부딪혀야 한다는 게 어떤 건지 잘 알고 있고, 할 수 있어요. 하지만 전 그걸 계속하고 싶어서 여기 온 게 아니에요. 저는 변화를 원하는 사람에게 도움을 주는 방법을 배우기 위해 여기에 왔어요. [내담자와의 관계를 단순하게 이해하고 있으며, 대인관계가 내담자에게 어떤 영향을 미칠지 거의 인식하지 못하고 있음]

기술에 초점 맞추기

수퍼바이저: 알다시피, 많은 사람들이 도움을 원하기 때문에 심리치료를 받으러 오지만, 그들은 변할 준비가 되어 있지 않을 수도 있어요. [가르치기(조언하기)]

수퍼바이지: 미안하지만, 전 그렇게 생각하지 않아요. 만약 당신이 바뀌기를 원치 않는다면 치료하러 가서 누군가에게 돈을 지불하지 않을 거예요. 제 생각에 이 내담자는 싸움을 거는 것 같아요. 늘 어머니와 싸웠었고, 지금은 남자친구와 끊임없이 싸워요. 저와도 싸우려고 심리치료를 하려는 것은 아니지만, 가끔 그러는 것 같아요. 그녀는 정말 화가 나 있었어요. 제가 지난 시간에 그녀가 아무 말도 하지 않고 10분 정도 앉아 있었다고 말했나요? 그게 상담사를 대하는 방

법이에요? [수퍼바이저의 개입에 적극 반발]

수퍼바이저: 그래서 그녀는 갈등에 익숙해져 있고, 지금은 당신과 갈등을 빚고 있네요. [반영, 이해를 모델링하는 것을 시도]

수퍼바이지: 맞아요. 저는 그녀의 엄마가 아니에요. 제가 나이가 좀 들긴 했지만 말도 안 돼요. 그녀는 존경심을 가지는 것을 배워야 해요. 저는 젊은 사람들이 존경을 표하지 않을 때 마음이 매우 조급해져요. 고등학교에서 가르칠 때 학생들에게 꽤 엄격했어요. 젊은 애들이 어떻게 수업시간에 껌을 씹을 생각을 하는지 모르겠어요. 지금은 학교에서 나왔지만 젊은 내담자들이 왜 심리치료에 와서 반항적으로 행동하고 마음대로 안 되면 그만둘 생각을 하는 건지 모르겠어요. 심리치료를 하는 장면에서는 다를 것이라고 생각했거든요. (눈물을 흘림)

감정 탐색하기

수퍼바이저: 존경을 못 받는 건 정말 힘든 것 같아요. [반영]

수퍼바이지: 네. (조용히 울며) 네. 세상에, 미안해요. 수퍼비전 중인데. (휴지를 움켜쥔다)

수퍼바이저: 그렇네요. 수퍼비전 중이죠. 레슬리. (부드럽게)

수퍼바이지: 네. 이건 아닌 것 같아요! 지금은 제 내담자에 대해 이야기해야 해요.

수퍼바이저: 우리는 내담자에 대한 당신의 감정과 그녀가 당신이 기대하던 그런 내담자가 되지 않고, 오히려 당신에

게 상처를 주는 것에 대해 이야기하고 있어요.

수퍼바이지: 세상에, 그녀 같은 사람이 많지 않길 바라요. 오늘은 다른 내담자에 대해 얘기해야 할 것 같아요. 미안해요. 내가 수퍼비전을 하고 있지 않네요. [수퍼바이저와의 긴장감을 인식하기 시작함]

수퍼비전 동맹에 초점 맞추기

수퍼바이저: 당신은 지금 저와 함께 '있는 그대로' 머물고 있어요. 그리고 이것이 바로 우리가 여기서 해야 할 일이에요. [수퍼바이지의 행동 확인하기]

수퍼바이지: 그런데 전 상담은 필요 없어요. 미안해요.

수퍼바이저: 상담을 받아본 적 있나요?

수퍼바이지: 아니요. 필요 없었어요. 전 강하고, 항상 그래야만 했고, 그래서 지금 이 상황이 너무 창피해요.

수퍼바이저: 저는 지금 당신이 진실하게 표현한 것에 대해 진심으로 반가워요. (잠깐 침묵) [지금-여기를 반영하고, 수퍼바이지의 행동을 확인하기]

수퍼바이지: 이건 너무 이상하고 정말 창피해요. [지금의 친밀함이 그녀에게 새롭고 불편한 경험임을 인식하기]

수퍼바이저: 한편으로는 새로운 느낌이죠. 즉, 당신은 그냥 다 내려놓고 무력감과 실망감을 있는 그대로 저와 이러한 감정을 공유함으로써 오는 불편함과도 함께 머물 수 있게 되었어요. [감정과 의미를 반영하기]

수퍼바이지: 저는 이런 감정을 가지고 있으면 안 될 것 같아요.

그리고 이런 감정을 보이는 건 저와 당신을 난처하게 하는 것 같아요.

수퍼바이저: 그러니 지금 이런 감정들을 가지고 있어도 좋다고 하는 말을 듣고 싶지 않을 거예요. [수퍼바이지가 관찰자의 관점을 취할 수 있는지 의문]

수퍼바이지: 맞아요.

수퍼바이저: 알았어요. 괜찮아요. [수용을 모델링하기를 바라며, 더 이상 진행하고 싶지 않은 수퍼바이지의 필요성을 수용한다는 것을 표현하기] (또 다른 침묵의 순간)

수퍼바이지: (좀 더 울음)

수퍼바이저: 그래요. 그렇죠. 음. [그 순간에 머무는 것을 재차 허락하기]

수퍼바이지: 그래요. (울음이 멈춤)

감정 탐색하기

수퍼바이저: 지금 어떤가요? [지금-여기 경험과 민감성(대응성) 모델링 묻기]

수퍼바이지: 잘 모르겠어요. 새로운 느낌이에요. 일종의 안도감 같아요. 어떤 시험에서 떨어진 기분인데… 그래도 좀 나아졌어요.

수퍼바이저: 어떤 종류의 시험에서 떨어졌나요? [수퍼바이지의 자기 관찰을 유도하기]

수퍼바이지: 항상 침착하고 프로답게 행동해야 한다는 거요.

수퍼비전 동맹에 초점 맞추기

수퍼바이저: 그건 엄청나게 큰 요구네요. [수퍼바이지의 부정적 자기 평가에 도전하기]

수퍼바이지: 그래요, 하지만 여긴 전문적인 곳이고 난 여기서 프로답게 행동해야 해요. 당신을 무시하려고 한 것은 아녜요. [그녀가 상처를 주고받았다고 느끼는 관계를 회복하려고 시도함]

수퍼바이저: 저는 당신이 매우 프로페셔널하다는 것을 알았고, 절 무시한다고 느끼지 않았어요. 당신은 실망이란 감정을 용감하게 수용했고, 그것을 저와 함께 충분히 표현할 용기가 있었어요. 상담사들에게 이것은 매우 정교한 전문성이에요. [수퍼바이지의 감정표현을 일반화시키고 그녀의 행동을 생산적으로 재구성하기]

수퍼바이지: 제가 생각했던 것과 많이 다르네요.

수퍼바이저: 어떻게 그렇게 할 수 있었다고 생각해요? 제 생각엔 당신은 정말 날 실망시키고 싶지 않은 게 확실했거든요. [수퍼비전 관계에서의 수퍼바이지 경험에 초점을 맞추도록 논의하기]

수퍼바이지: 너무 속상해서 어쩔 수 없었어요. 하지만 당신은 해도 괜찮고 하지 않아도 괜찮다고… 이상했어요. 무례하게 보이지 않고 선택할 수 있을 것 같았어요. [수퍼비전 관계에 초점 맞추기]

수퍼바이저: 당신에게 이런 것이 필요해 보였어요. 그리고 당신

이 뭘 할지 결정할 수 있는 사람이 될 수 있다고 느끼고 싶어 했던 것 같아요. 저와는 괜찮다고 느꼈나요? [반영]

수퍼바이지: 맞아요, 정말 이상해요.

수퍼바이저: 어떻게 이상한가요? [어떻게 감정을 끌어내는지 모델화하기]

수퍼바이지: 내가 무엇을 결정하든 괜찮고 내가 무엇을 결정하든 좋다고 느끼는 것이요. 전 어머니가 기대한 대로 하지 않으면, 무례하다는 말을 들었었어요.

수퍼바이저: 그래서 당신의 경험에는 올바른 방법과 잘못된 방법이 나누어져 있고, 만약 당신이 지시받은 대로 하지 않는다면, 당신은 그것이 무례하다고 믿게 되었네요. 여기서 당신은 '올바른' 일을 하려고 노력하기보다는 지금 필요한 것을 그냥 할 수 있었고요. [문제가 있는 이분법적 사고의 성격을 함께 설명하면서, 필요한 것을 표현할 수 있는 수퍼바이지의 권리를 입증하기]

병렬과정에 참여하기

수퍼바이지: 맞아요. 선택할 수 있다는 게 너무 다른 느낌이었어요. 제 내담자를 위해 그렇게 해야 하는 것인지 궁금해요. 단지 그녀가 제가 생각하는 대로 그녀의 문제를 해결할 것이라고 기대하지 않아요. [병렬과정에 대한 인식과 치료 과정에 대한 그녀의 이해의 변화를 증명]

수퍼바이저: 그래요. 저와 당신이 방금 했던 작업이 당신과 당신의 내담자와 하는 작업에 어떻게 적용될지 흥미롭겠어요.

기술에 초점 맞추고 심리치료 과정에 초점 맞추기

수퍼바이저: 당신이 그런 기대를 하지 않는다고 그녀에게 어떻게 말하면 좋을까요? [치료 기술에 다시 초점 맞추기]

수퍼바이지: 우선, 저는 그녀가 왜 남자친구와 함께 있는지 묻지 않을 거예요. 그녀가 돌아와서 그가 한 일에 대해 불평할 때 저는 그녀에게 약간의 분노를 표현하는 것 같아요. 당분간 그냥 그녀의 감정을 갖도록 해줘야 할 것 같아요.

수퍼바이저: 당신이 그녀가 감정을 갖도록 허락한다는 걸 어떻게 보여줄 수 있을까요? [수퍼바이지에게 행동을 조정할 것을 요청하기]

수퍼바이지: 그녀가 그에 대해 말할 때 그냥 그녀와 함께 있어 주려고요.

수퍼바이저: 공감하고, 감정에 이름을 붙일 수도 있겠네요. [제안하기]

수퍼바이지: 네. 이름을 붙이고요. 그녀와 함께 있는 거예요. [제안을 수락함]

수퍼바이저: 그녀가 어떻게 해야 할지 스스로 결정하도록 둘 건가요?

'수퍼바이지: 네. 그녀가 스스로 결정할 수 있을지 궁금해요.

수퍼바이저: 그렇네요. 시도해 볼 만한 가치가 있다고 생각하는 것 같아요. [수퍼바이지가 내담자를 위한 변화에 추진력을 가질 수 있도록 지지하기]

수퍼바이지: 맞아요.

평가에 초점 맞추기

수퍼바이저: 예전부터 지금까지 학교나 상담실에서 일하면서 무례한 사람들을 마주하게 되는 것은 낭신에세 오랫동안 계속되었던 일이에요. 이런 일들이 앞으로 계속 당신을 괴롭힐지도 몰라서 염려가 돼요. [수퍼바이지의 문제를 검토하고 수퍼바이지에 대한 잠재적 당면 과제에 대해 우려를 표시함]

수퍼바이지: 맞아요. 계속되겠죠? 제가 상담을 받아보는 게 필요할까요? [변화에 대한 수용성 표현]

수퍼바이저: 제 생각에 상담을 받아본다면, 상담사로서 성장이 훨씬 더 쉬워지게 될 거예요. 레슬리는 훨씬 더 능숙해질 수 있어요.

수퍼바이지: 아… 세상에…

수퍼바이저: 아마 상담을 좀 받다 보면, 당신이 생각했던 것만큼 문제 되는 게 많지 않다는 것을 알게 될 거예요. [수퍼바이지의 특성을 수용함]

수퍼바이지: (웃음) 그럴지도 모르죠.

해결책

수퍼바이저: 몇 명의 상담사를 추천해드릴까요? 이 문제에 대해 이야기해도 안전할 것 같은데요?

수퍼바이지: 물론이죠. 해결에 도움이 된다면 그렇게 할게요.

수퍼바이저: 상담은 상담사로서나, 한 개인으로서나, 당신이 발전하도록 도울 수 있는 잠재력을 가지고 있다고 생각해요.

수퍼바이지: 감사해요. 이 대화는 힘들었지만, 당신에게도 힘든 대화였을 것 같아요.

수퍼바이저: 힘들지만 그럴 가치가 있을 거예요. 이 대화가 유익했던 것은 무엇인가요?

수퍼바이지: 제가 내담자들에게 그들 스스로 결정할 수 있는 여지를 주는 법을 배워야 한다고 생각해요. 심리치료가 효과적이지 않은 것은 제가 책임져야 할 것 같아요. 그리고 제 성향에 대해서 탐색해봐야겠어요. 이런 성향이 교편을 잡고 있을 때도 곤란하게 했었어요. 이 부분을 누군가와 이야기해야 한다고 생각해요. 전에는 이렇게 명확하게 보지 못했어요. 정말 고마워요.

수퍼바이저: 천만에요. 레슬리. 혹시 내담자에게 전화해서 다시 상담에 올 수 있는지 알아봐 줄 수 있겠어요?

수퍼바이지: 알았어요. 지금 할게요. 그녀에게 나와 대화하는 것이 불편했냐고 물어봐야 할까요? 아이고… 세상에,

정말 힘들 것 같아요. [바르게 하고 있는지 묻고, 개입 아이디어를 제안함]

수퍼바이저: 어떻게 생각하나요? [결정권을 수퍼바이지 쪽으로 되돌려주기]

수퍼바이지: 해야 할 것 같아요.

수퍼바이저: (웃음) 잘됐어요! [수퍼바이지의 판단에 대해 확신 표현하기]

위의 상호작용에서 초반에는 수퍼바이지가 스스로와 내담자에 대해 엄격한 역할 기대를 가지고 있었고, 수퍼바이지는 이에 대해 분노의 감정을 느꼈다. 레슬리가 내담자에 대해 불만을 터뜨리기 시작하면서, 수퍼바이저는 레슬리의 성격 구조가 너무 경직되어 있어서 수퍼비전으로부터 유익을 얻을 수 있을지 불확실하다고 판단했다. 수퍼바이저는 수퍼비전 과업 분석을 사용하여 대응성(민감성, 반응성)을 모델링하기 위한 전략적 결정을 내리고(cf. Friedlander, 2012, 2015), 이에 따라서 내담자가 감정에 대해 개방성을 가지며, 스스로 행동 방침을 선택할 수 있도록 하는 촉진적 임상 방법을 수퍼바이지에게 보여주었다.

이 수퍼비전 과업은 성공적으로 해결되었고 수퍼바이지의 성격 구조는 수퍼바이저가 처음에 우려했던 것만큼 경직되지 않은 것으로 나타났다. 물론 '실제 상황'에서는 이 과업 분석 모델이 앞서 제시한 삽화보다 더 오래 걸릴 수 있다. 한 세션의 전체 시간이 필요하거나 두 세션 이상이 필요할 수도 있다. 결국 얼마나 시간이 필요할지는 궁극적으로 그것을 받아들이고, 대응할 수 있는 수퍼바이지의 능력에 달려 있다. 수퍼바이저는 모델링 작업 후에 수퍼바이지가 그 과정에서 배운 내용과 그것이 특정 내담자나 내담자들과의 작업에 어떻게 적용될 수 있는지에 대한 것까지 확인해야 한다. 즉, 치료 과정에 대한 더 나은 이해와 그 과정을 용이하게 하기 위한 기술 발달로 돌아가야 한다는 것이다.

위의 예시 시나리오의 끝부분에서 수퍼바이저는 수퍼바이지가 심리치료를 받으려는 것을 지지하는데, 수퍼바이지에게 심리치료를 추천하는 것은 일반적인 관례이며, 상담사를 발달시키기 위한 개인 심리치료는 직업적 가치를 가지고 있다. 심각한 손상을 가지고 있다고 판단될 경우에는 심리치료는 훈련 수습기간 동안에 가져야 할 조건 중 하나가 될 수 있다.

특별한 고려사항: '인(IN)' 및 '아웃(OUT)' 상담

추가적인 임상 과정, 강화된 수퍼비전, 더 많은 직접적인 관찰과 상담, 그리고 개인 심리치료 등 수퍼바이지의 수행을 향상시키기 위해서 수많은 창의적인 접근법이 존재한다. 그중 수퍼바이지에게 치유적인 절차를 수행하도록 지원하는 것은 프로그램이나 실습이 유지될 수 있도록 하는 '인(IN)'의 절차로 간주될 수 있다.

수퍼바이저는 수퍼바이지가 변화하고 성장할 수 있는 창의적인 기회를 제공해야 할 의무가 있지만, 현재와 미래의 내담자의 복지를 보호해야 할 책임이 무엇보다 중요하다. 상담 실습 및 훈련이 꽤 진행되었음에도 나타나는 수퍼바이지의 대인관계 어려움은 본질적으로 성격적인 문제이다. 심리치료는 개인과 대인관계의 변화 과정에 기초하고 있으며, 수퍼바이지의 다루기 힘든 대인관계 패턴은 내담자에게 해를 끼칠 가능성이 있기 때문에, 수퍼바이지에게 상담 실습을 중단하라고 조언할 필요가 있을 수도 있다. 아웃(OUT) 상담에서는 상담이라는 직업적 요구가 수퍼바이지에게 적합하지 않다는 것을 수퍼바이지가 인식하도록 도와야 한다. 이 과정에서는 수퍼바이지의 한계와 그러한 한계를 변화시키려는 교정적 조치 시도의 실패에 대한 솔직한 논의가 포함되어야 하며, 수퍼바이지의 다른 잠재적 진로 탐색에 대한 적극적인 격려가 포함되어야 한다.

수퍼바이지에게 그 직업을 떠나라고 권하는 상담의 과정은 최후의 수단으로 내담자를 보호하기 위한 실습 과정에 포함된 게이트키핑 조치이다. 사전 동의(건강 심리학 임상 감독 지침, 미국심리학회[APA], 2014년 참조)를 위해, 수퍼바이지들은 실습 과정에서 장애물에 부딪힐 경우, 적절한 절차 또는 '공정한 해명 기회'에 대한 권리가 주어지는 것을 훈련의 초기에 충분히 인지해야 한다. 적절한 심리치료 실습 과정은 구조화되어 있으며, 교육 프로세스에는 장애물이 발생한 경우에 대한 내용이 포함되어 있어야 한다.

실습 프로그램은 프로그램 또는 기관에서의 기대, 평가 시기 및 유형, 수퍼바이지가 평가에 대응할 수 있는 정도를 개략적으로 설명하는 사전 동의 문서를 수퍼바이지에게 제공해야 한다(APA, 2014). 이러한 문서는 특정 역량에 대한 불충분한 발달 상황을 정의하고, 교정에 대한 프로세스의 세부 정보를 제공한다. 또한 불충분한 발달 상태 또는 문제 있는 행동이 있을 경우 절차대로 준수할 것임을 명확히 해야 한다. 이 문서에는 수퍼바이지의 불만을 다루기 위한 세부 절차도 명시된다. 민간 실무에서의 수퍼비전 경우, 적절한 프로세스의 정의와 절차는 수퍼비전 계약에서 자세히 설명될 수 있다(Forrest et al., 1999). 미국 전

역의 임상 실습 프로그램에서는 적법한 프로세스 문서를 작성하도록 통보하는 절차뿐만 아니라, 문제가 있는 수퍼바이지의 태도와 행동에 대해 철저한 검증을 제공한다. 수퍼비전 경험 초기에 수퍼바이지에게 적절한 절차 정보를 미리 제공함으로써, 훈련 프로그램, 수퍼바이저, 수퍼바이지 및 내담자를 포함한 모든 사람을 보호할 수 있다.

결론

전문 상담사가 되는 것은 매우 힘든 과제인데, 그 과제의 무거움은 초심자와 얼마 되지 않은 경력을 가진 수퍼바이지가 잘 모를 수도 있다. 상담사가 되는 과정에서 자신의 부족한 기술이나 인식에 직면하는 것은 두렵고 때때로 수퍼바이지에게 위협적이다. 수퍼바이저는 수퍼바이지가 자신의 현재 발달 상태를 받아들이고 추가 훈련에 전념할 수 있도록 지원하는 핵심이 된다.

수퍼바이저가 단순한 기술의 어려움, 기술 부족, 자신감의 위기, 간접적인 정신적 충격 또는 문제 있는 태도 행동에 대해 염려하더라도, 여전히 수퍼비전 관계는 수퍼바이지의 이해, 성장, 치유를 촉진하는 중요한 수단이다. 이 장에서 설명된 핵심적인 대인관계적 수퍼비전 시퀀스들은 감정 탐색하기, 병렬과정에 초점 맞추기 및 수퍼비전 동맹에 대한 초점 맞추기이며, 이는 모든 수퍼바이저의 접근 개요에 포함되지 않을 수도 있다. 하지만, 우리는 이러한 대인관계적 태도가 수퍼바이지들에게 교육적이면서 동기부여가 될 수 있는 핵심적인 경험을 만들어 줄 수 있다고 믿는다.

04 병렬과정을 통한 과업 및 다문화 인식 제고
: 하나의 가치에 대한 두 가지 주요한 사건

1장에서 언급했듯이 주요한 사건은 반드시 선형적인 방식으로 발생하는 것은 아니며, 새로운 사건은 이전 사건이 끝나기를 기다리고 있을 수 있다. 오히려 사건은 종종 겹치기도 하며 다른 사건과 얽힐 수 있다. 이 현상을 설명하기 위해 이 장을 활용하여 이전에 제시되지 않은 새로운 주요 사건에 대해 논의하고 병렬과정을 통해 과업을 진행하며, 라다니, 프리드랜더와 넬슨의 이야기를 통해 더 세부적으로 복합적인 다문화 인식 사건에 대한 설명을 하고자 한다(2005).

그 전에 모델에서 수퍼바이저가 병렬과정에 초점을 맞추고 작업하는 것을 병렬과정 사건에서 '사건의 과업'으로 구분할 필요가 있다. 이 장의 뒷부분에서 볼 수 있듯이, 병렬과정에 참여하는 것은 주요한 상호작용 시퀀스이다. 이는 특정 치료장면의 상호작용과 수퍼비전 상호작용 사이의 유사성에 주의를 기울이는 논의를 말한다.

'병렬과정'은 상호작용 중 하나에서 시작될 수도 있고, 다른 상호작용에서 반영될 수도 있다. '병렬과정 사건'은 병렬과정에 참여하는 것을 포함하여 여러 개의 상호작용 시퀀스로 구성된다. 이 장의 뒷부분에 나오는 사례 예시에서 이러한 차이점에 대해 논의하고자 한다.

우리는 병렬과정에 관한 문헌의 개요로 이 장을 시작한다. 그런 다음 병렬과정 사건을 통해 과업을 수행하기 위한 과업 분석 모델을 제공한 다음 예시가 될 사례를 보여주려 한다. 그리고 다문화 인식 사건을 검토하고 병렬과정 사건과 어떻게 겹쳐질 수 있는지 보여줄 것이다. 이는 주요 사건과 종종 겹치기 때문에 예시를 제공하려 한다(새로운 사건은 다른 사건이 해결된 후에는 꼭 발생하지 않는 경우가 많다).

셜즈(Searles, 1955)는 수퍼바이저가 수퍼바이지의 치료 관계로부터 오는 역전이 상황을 설명했다. 그는 이 개념을 미러링 과정이라고 불렀다. 셜즈의 정의를 바탕으로 엑스타인(Ekstein)과 월러스타인(Wallerstein)은 병렬과정(p.177)이라고 불리는 현상을 확인하여 치료와 수퍼비전에서 유사한 전이와 역전이 과정이 발생한다고 주장하였다(1958, 1972). 또한, 시간이 지남에 따라 다른 심리학자들은 치료법이 치료 관계에서 수퍼비전으로 진행되는 상향식으로 또는 수퍼비전 관계에서 심리치료로 진행되는 하향식으로 진행될 수 있다고 언급했다(e.g., Friedlander, Siegel, & Brenock, 1989; Gross Doehrman, 1976; Ladany, Walker, Pate-carolan, & Gray Evans, 2008; Mothersole, 1999; Sripada, 1999; Tracey, Bludworth, & Glidden-Tracey, 2012; Walker, 2003).

우리는 이 책에서 주요 사건 모델과 관련하여, 수퍼비전 장면 중 심리치료에서의 상호작용을 반영한 의미 있는 상호 반응을 병렬과정으로 정의하였다. 반응은 수퍼바이저, 상담자 및 내담자 등 각 참여자가 다양한 인식 수준을 가질 수 있는 사고, 감정 및 행동을 말한다. 병렬과정은 심리치료에서 시작되어 수퍼비전으로 또는 그 반대로 전환될 수 있다. 또한, 양방향적인 병렬과정은 후속 수퍼비전 또는 치료 세션에서 발생한다는 점에서 시작점일 수 있고, 다중 수퍼비전 또는 치료 세션 후에 발생한다는 점에서 마지막일 수도 있다. 그리고 우리가 정의

한 대로, 병렬과정은 수퍼바이저가 수퍼바이지를 위하여 교정적 재조정 경험을 촉진할 때 수행될 수 있다.

병렬과정은 심리치료와 수퍼비전에서 유사하게 보이는 일반적인 과정과 구별되어야 한다. 다시 말해서, 병렬과정은 수퍼비전 및 심리치료에서 발생하는 문제가 의미 있게 설명될 수 있어야 한다. 예를 들어, 상담자와 내담자의 관계처럼 수퍼바이저와 수퍼바이지가 서로 대화한다는 사실은 단순한 대화의 행동이 두 가지 맥락에서 특정 의미를 갖지 않기 때문에 '말하기'가 병렬과정이라는 것을 의미하지는 않는다. 불안한 내담자와 함께 과업을 수행하는 수퍼바이지가 수퍼비전 세션에서 불안하다고 생각하는 상황이 반드시 임상적으로 의미 있는 병렬과정을 나타내는 것은 아니며, 수퍼바이지의 높은 불안감은 단순히 개인의 특징일 수도 있다. 그러나 수퍼바이지의 불안은 내담자의 불안에 기반하거나 그에 의해 유발되는 경우가 많으며, 병렬과정이 발생했을 때, 수퍼바이지가 병렬과정의 임상적 의미를 분별하도록 도와야 한다.

병렬과정에 대한 연구는 대부분 사례 연구를 통해 수행되었다(Alpher, 1991; Friedlander et al., 1989; Grant, Schofield, & Crawford, 2012; Gross Doehrman, 1976; Jacobsen, 2007; Ladany & Inman, 2012; Ladany et al., 2008). 이 현상은 설문조사(Rachelson, Herron, Primavera, & Ramirez, 1997)와 정교한 정량 모델(Tracey et al., 2012)을 통해 연구되었다. 이 연구에서, 초기의 연구자들은 무의식적으로 여겨지는 병렬과정을 관찰하였으며, 이러한 현상은 이론적 방향에 있어 수퍼바이저들에게 의미 있게 다가왔다.

병렬과정 사건이 의미를 갖기 위해서는 수퍼바이저가 현상을 정의하고 설명할 수 있도록 개방되어야 한다. 병렬과정을 고려하지 않는 수퍼바이저는 병렬과정을 이해함으로써 제공되는 학습 기회와 임상적 이점을 잃을 수 있다. 수퍼바이저가 병렬과정에 대한 무의식적인 근거에 회의적인 경우에도 수퍼바이저들은 수퍼비전 상황에서 양보하거나 이끄는 위치에 있지만 치료관계에서는 우위에 서는 위치에 있다는 것을 고려해야 한다(Friedlander, 2015; Friedlander et al., 1989; Tracey et al., 2012). 이러한 대립 관계 위치(즉, 복종 대 지배)는 행동 수준에서의 미러링 효과를 초래할 수 있다.

다음 섹션에서는 수퍼바이지가 병렬과정을 통해 과업을 수행 할 수 있도록 지원하는 과정 모델에 대해 설명하였다. 이를 두 가지 병렬과정 사건을 통해 보여주고자 한다. 하나는 성공적으로 해결되지 않은 것이고 다른 하나는 긍정적인 결과를 나타낸 사건이다.

과업 분석 모델 : 병렬과정을 통한 과업

지표

병렬과정 사건의 지표는 수퍼비전과 심리치료 현장의 모든 참여자에게 발생할 수 있다. 수퍼바이저는 수퍼바이지가 평소답지 않은 방식으로 행동하고 있음을 알 수 있다. 예를 들어, 수퍼바이지는 일반적이지 않고 냉소적인 방식으로 수퍼바이저에게 반응할 수 있다. 또는 특정 수퍼비전 세션에서 수퍼바이지는 그들의 일반적인 불안 수준의 범위를 넘어서 특히 더 불안해 보일 수 있다.

두 가지 상황에서 수퍼바이저는 병렬과정이 진행되고 있는지 여부를 결정하기 위해 수퍼바이지가 나누는 내담자와의 대화 스타일에 대해 물어봐야 한다. 그리고 수퍼바이저는 내담자의 대인관계 스타일을 알고 수퍼바이지의 행동이 그 스타일을 반영하는지 여부를 통해 알아차릴 수 있다.

수퍼바이지가 수퍼비전에 대한 병렬과정 현상을 고려할 기회가 명시적으로 주어지면, 지표는 병렬과정 발생 가능성에 대한 직접적인 설명으로 나타날 수 있다. 이 경우 수퍼바이지는 병렬과정의 발생 가능성을 추측할 수 있으며, 수퍼바이저는 과업 환경을 통하여 후속 조치를 취할 수 있다. 이때 지표는 수퍼바이지에 대한 자신의 반응과 이러한 반응이 치료관계에 미러링되고 있는지 대해 수퍼바이저가 자신을 성찰하는 것으로 나타날 수 있다. 예를 들어, 수퍼바이저는 수퍼비전 세션 동안에 지나치게 지시적이 되어가고 있지만, 수퍼바이지가 내담자에게 지시하는 것을 관찰한 후에야 스스로 자신의 평소답지 않은 행동을 인식하는 것이다.

과업 환경 및 해결책

지표를 인식한 후 과업 환경에서는 일반적으로 다음과 같은 상호작용 순서가 포함된다. 수퍼비전 동맹에 초점을 맞추고, 심리치료 과정에 초점을 맞추고, 감정을 탐색하고, 병렬과정에 참여하고, 경험을 일반화한다. 다른 주요 사건의 과업 환경과 비교할 때, 병렬과정 사건에서는 상호작용 시퀀스가 더 많을 수 있다. 기본적으로 여러 관계가 처리되기 때문이다. 다음 사례에서 볼 수 있듯이, 병렬과정의 유형(예: 다문화 인식에 초점)에 따라 추가 시퀀스가 예상될 수 있다.

병렬과정 사건은 수퍼비전 과업에서 눈에 띄는 변화가 요구된다. 즉, 수퍼바이저는 수퍼바이지의 치료장면에 대한 논의에서 수퍼비전에서 일어나고 있는 것에 대한 논의로 초점을 변경함으로써 수퍼바이지에게 대응한다(Friedlander, 2012, 2015). 예를 들어, 수퍼바이지가 평상시와 달리 피곤해하거나 스트레스를 받는 것처럼 보일 경우, 수퍼바이저는 이러한 변화를 인지하고 수퍼바이지의 경험이 수퍼비전에서 그들 사이에서 일어나는 일과 관련이 있는지 여부를 확인해야 한다. 수퍼바이지는 수퍼비전의 병렬과정을 이해하기 위해 자신의 개인적인 경험을 탐색하는 경우에 역할 갈등을 겪게 된다.

적어도 암묵적 동의를 통해 수퍼바이저는 심리치료 과정에 초점을 맞춘 시퀀스로 이동할 수 있다. 이 시퀀스에는 수퍼바이지에게 도전하는 특정 내담자에 대해 물어보는 것이 포함된다. 거기에서 수퍼바이저는 내담자에 대한 수퍼바이지의 반응, 특히 수퍼바이지의 감정적인 반응에 대해 물어볼 수 있다. 더욱이 수퍼바이저는 수퍼바이지에게 내담자가 어떻게 느끼고 두 사람 사이에서 일어나는 일에 반응하는지를 생각해보도록 요청할 수 있다.

수퍼바이저는 수퍼바이지에게 이전 세션 내용을 가져오도록 요청할 수 있고, 수퍼비전 세션 동안 심리치료 세션의 비디오 녹화를 관찰하면서 수퍼바이지의 반응을 탐색하기 위해 유사한 질문을 할 수도 있다(e.g., a modified interpersonal process recall; Kagan [Klein], & Kagan, 1997).

심리치료와 수퍼비전 사이의 미러링을 인식하는 것은 수퍼바이저이지만, 어떤 경우에는 수퍼바이지가 병렬과정을 가장 먼저 알아차릴 수 있다. 두 상황 모두에서 수퍼바이저는 두 부분에서 발생하는 유사한 감정적 반응 및 행동을 논의함으로써 병렬과정에 개입한다.

다른 방법으로는 수퍼바이저가 수퍼바이지와의 교정적 관계 경험을 촉진하여 치료 과업으로 하향식 전달을 할 수 있다. 수퍼비전에서, 교정적 관계 경험은 수퍼비전에서 일어나고 있는 사건에 대한 수퍼바이지의 개인적인 변화를 수반한다(Ladany et al., 2012). 예를 들어, 수퍼바이저는 수퍼바이지가 평소답지 않게 커진 불안감에 대해 '그냥 나쁜 날'이라고 치부하거나, 다른 문제에 집중함으로써 반응하지 않는 것에 대해, 그 원인에 대한 불안 반응을 좀 더 탐색하도록 요청하고 수퍼바이지가 불안감을 받아들이도록 요구할 수 있다. 그 후 수퍼바이지는 심리치료 세션에서 내담자에게 높은 불안감을 받아들이라고 격려할 가능성이 있다. 병렬과정에 대한 수퍼바이지의 경험에 따라, 수퍼바이저는 경험을 일반화할 수 있다.

우리는 종종 병렬과정을 인식하는 것이 유쾌하고 동시에 혼란스러울 수 있는 '아하' 경험을 동반한다는 것을 발견했다. 인식에 대한 변화와 수퍼비전을 통한 치료 접근 방식의 변화는 주요 사건의 해결에 없어서는 안 될 부분이다. 과정 모델은 〈그림 4.1〉에 나와 있다.

물론, 병렬과정 사건의 전형적인 예는 특정 관계 역동성이 수퍼바이지의 치료 관계에서 시작되고, 교정적 관계 경험이 수퍼바이저와의 관계에서 후속적으로 발생하는 것이다. 또는 수퍼바이저가 감정을 탐색하는 것으로 교정적 관계 경험을 시작하고, 심리치료 과정에 초점 맞추기로 이동하며, 이어서 병렬과정이 진행된 후 경험을 일반화할 수 있다.

그림 4.1 병렬과정 사건의 예시

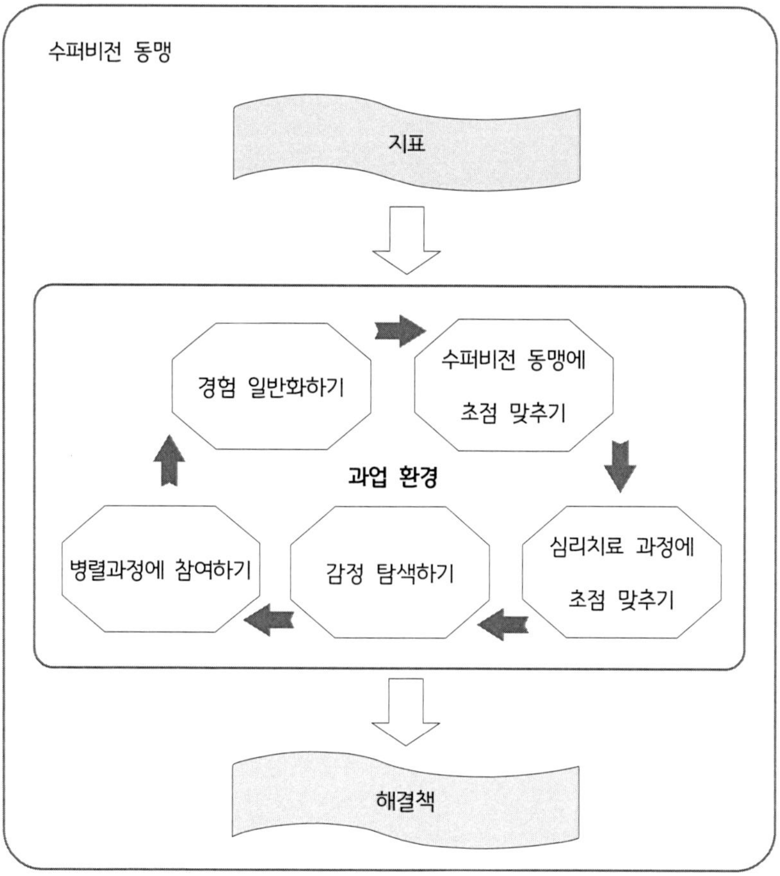

실패 혹은 성공적인 병렬과정 사건 예시

다음 사례는 동일한 사람에 대한 두 개의 병렬과정 사건을 보여준다. 수퍼바이저는 40세가 된 백인 여성으로 수퍼바이저로서 10년의 경험과 상담가로서 15년의 경험을 가지고 있다. 수퍼바이지인 아카디오는 박사 과정 2년 차의 25세 라틴계 남자이다. 그는 신체 장애를 가지고 있어서 휠체어를 사용하고 있다.

아카디오의 두 내담자는 28세의 라틴계인 실비아로, 범불안장애(즉, 과도한 걱정, 두통, 직장에서의 어려움)를 가지고 있으며, 다른 또 한 명은 45세 백인 여성인 아이린이라는 사람으로 시각장애인 안내견의 도움을 받아야 하는 중증 시각장애인이다. 아이린은 자동차 사고를 당한 후 불안을 느끼게 되었다.

수퍼비전 장소는 지역 사회 정신 건강 클리닉이며, 사건은 수퍼비전 세션이 시작될 때부터 일어났다.

수퍼바이저: 그러면 오늘 무엇을 배우고 싶은가요? [수퍼비전 동맹의 '과업' 측면에 즉시 초점을 둔 수퍼바이저의 일반적인 열린 질문]

수퍼바이지: 무엇을 시작해야 할지 모르겠어요. 요즘 저의 모든 내담자들과 많은 작업을 하고 있는 것 같아요. 일을 제대로 유지하는 것이 어려워요.

수퍼바이저: 좀 더 얘기해 보세요.

수퍼바이지: 마치 할 일이 너무 많은 학기 말 같이 느껴져요. 숙제와 시험 시간, 제 내담자에 대한 부담이 커졌어요.

지표

수퍼바이저: 꽤 부담스럽다는 얘기로 들리네요. [아카디오의 발언은 과거 수퍼비전 세션과는 다름. 그가 어떤 방향으로 갈 것인지 보기 위해 열어둠]

수퍼바이지: 예, 꽤 보다 그 이상이에요! 저도 충분히 수면을 취하지 못해 걱정되네요. 꽤나 이 일을 해왔지만 지금은 제 수면에 영향을 주고 있어요.

수퍼바이저: 그렇군요. 그것은 당신답지 않네요.

수퍼바이지: 맞아요. 제 삶에서 가끔 이런 일이 일어났지만 지난주 만남은 힘들었어요.

수퍼바이저: 당신은 우리의 만남에서 그러한 것을 유발할 만한 이유가 있었다고 생각하나요? [그의 평소 같지 않은 행동이 과거의 상호작용으로 인한 것인지를 평가함]

수퍼바이지: (의아해하며) 아니요. 생각이 안 나요. 저는 항상 수퍼비전하러 오는 것을 즐겼어요.

수퍼바이저: 하지만 뭔가 다른 것 같은데요? [더 자세한 설명을 위한 시도]

수퍼바이지: 저도 그렇게 생각해요.

이 시점에서 수퍼바이저는 아카디오의 왜곡된(예를 들어, 전이) 반응이 병렬과정 사건의 지표라고 생각한다. 사건은 과업 환경으로 이동한다.

과업 환경

수퍼비전 동맹에 초점 맞추기

수퍼바이저: 솔직히 말해줘서 고마워요. 우리는 잠시 물러서서 수퍼비전 세션에서의 상황이 어떻게 진행되고 있는지 고려해 볼 수 있을 것 같네요. 괜찮아요? [동맹의

목표와 과제에 대한 학습의 초점을 재조정하며, 특히 공감해야 할 필요성을 예상함]

수퍼바이지: 물론이에요.

수퍼바이저: 좋아요. 저는 당신이 오늘 논의하고 싶은 것을 물어봄으로써 세션을 시작했고, 당신은 많은 일이 벌어지고 있다는 것에 대해 이야기를 했어요. 그렇죠? [상호 인식을 확인하고 명확하게 함]

수퍼바이지: (웃음) 예. 완벽하게 보셨군요!

수퍼바이저: 특히 당신의 내담자에 대한 부담과 관련해서 당신의 일상에서까지 부담을 느끼는 부분에 대해 구체적으로 알아보면 어떨지 궁금하네요. [세션의 과업에 대한 협상]

수퍼바이지: 괜찮네요. 당신이 내담자에 대한 부담감을 말한 부분이 흥미로워요.

수퍼바이저: 어떤 면에서요?

수퍼바이지: 글쎄요, 네 명의 내담자가 있어요. 한 분은 시작하지 않았고 다른 한 분은 마무리되고 있어요. 우리는 지난 세션에서 종결되는 것에 대해 이야기했고, 저는 그와 함께했던 일에 대해 꽤 기분이 좋아요.

수퍼바이저: 그럼 다른 두 사람에 대해 이야기하는 것은 어떨까요? [과업 협상]

심리치료 과정에 초점 맞추기

수퍼바이지: 그렇게 해보죠. 먼저 몇 주 전에 교통사고를 당한

아이린이 있는데 최근 외상 후 스트레스 반응을 겪고 있어요.

수퍼바이저: 어떤 식의 반응을요?

수퍼바이지: 그녀는 차에 있을 때 긴장하고 초조해하며 걱정을 해요. 그녀는 악몽에 대해 얘기했죠. 저는 그것이 외상 후 스트레스에 대한 징조인지 확신할 수 없지만 확실히 몇 가지 주요 증상이 있어 보였어요.

수퍼바이저: 사고가 났을 때 차를 직접 운전했나요?

수퍼바이지: (겸연쩍은 미소) 아니요. 그녀는 원래 시각장애인이에요.

수퍼바이저: 아, 몰랐네요.

수퍼바이지: 사고가 일어났을 때 그녀는 그녀의 시각장애 안내견에 대해서 가장 걱정스러웠다고 해요. 다행스럽게도 안내견은 다치지 않았죠. 두 번째 내담자는 실비아에요. 그녀는 과도한 걱정과 두통을 포함한 증상을 겪고 있어요. 제 생각에는 범불안장애가 그녀의 일에 영향을 미치고 있어요.

이 시점에서 수퍼바이저는 아카디오를 돕기 위해 범불안장애 치료에 대한 정보 자료를 제공하기로 결정할 수 있다.

또한 실비아와의 세션에서 사용할 수 있는 몇 가지 방법을 권장할 수 있다. 다시 말해, 수퍼바이저는 아카디오에게 이 사례를 다루는 방법을 지시함으로써 교훈적인 접근 방식을 취하게 하고 이 긴 논의가 범불안장애(GAD: Generalized Anxiety Disorder)가 있는 그의 또 다른 내담자와의 과업에 일반화되기를 기대할 수 있다. 그러나 기술(개념적, 기술적)에 중점을 두면 아카디오가 내담자와의 내적 경험을 사용하여 자신의 개입을 시도하는 기회는 사라진다. 또한, 나중에 보이는 바와 같이, 교정적 관계 경험은 일어나지 않았을 것이다. 따라서 병렬과정 사건이 성공적으로 해결되지 않았을 것이다.

수퍼바이저: 두 내담자 모두를 평가하고 진단하는 일을 잘한 것 같네요. 치료 세션을 진행할 때 어떤지 사세히 이야기해주세요. 예를 들어, 실비아와 함께 할 때 무슨 일이 일어나고 있나요?

수퍼바이지: 일반적으로, 그녀는 모든 걱정에 대해 많은 이야기를 해요. 그리고 그녀는 한 주제에서 다른 주제로 계속 건너뛰거든요. 저는 거의 아무 말도 할 수가 없어요.

수퍼바이저: 그때 어떤 느낌이었나요? [더 구체적이어야 할 필요성을 깨달음]

수퍼바이지: 매우 실망스러웠어요. 하고 싶은 말이 있지만 무례할까 봐 방해하고 싶지 않았죠. 그리고 그녀는 계속 말을 이어가요. 먼저 그녀는 자신의 상사에 대해 이야기했어요. 상사는 그녀를 잘 대해주지 않는 것 같아요. 그런 다음 그녀는 알츠하이머가 있고 요양원에 있는 아버지에 대해 갑자기 이야기해요. 그리고 그의 곁에 있는 것이 얼마나 어려운지와 그녀의 자매가 그를 돌보는 것을 도와주지 않는 것에 대해서도요. 세션이 끝날 무렵 저는 모든 불안과 긴장감을

느끼고 마치 우리가 아무것도 못한 것처럼 느껴요. 참, 그녀는 아이들에 대한 걱정에 대해서도 많은 이야기를 해요.

아카디오가 내담자를 설명할 때 수퍼바이저는 불안에 대한 영향을 받는다. 그리고 내담자의 감정 상태와 아카디오의 발언 사이의 잠재적 연관성을 인식한다. 아카디오가 내담자와 유사하게 방황하기 시작한 순간은 수퍼바이저가 지금 현재에 아카디오의 감정을 탐색하여 개입하기로 결정한 순간이고, 이러한 개입이 성공적인 해결을 촉진할 것이라는 기대를 갖고 있다.

감정 탐색하기

수퍼바이저: 아카디오. 잠깐 멈출게요. 당신에 대해 뭔가 이야기해봐요. [수퍼바이저는 허락을 요청함으로써 더 말하기 전에 동맹에 개입하는 방법을 보여줌]

수퍼바이지: 알았어요.

수퍼바이저: 지금 기분이 어때요?

수퍼바이지: 글쎄요, 그녀가 무엇을 말하는지에 대해 말씀드릴 필요가 있다는 생각이 드네요. [그의 감정이 아닌 그의 생각을 표현함]

수퍼바이저: 잠시만 기다려 주세요. 전 당신이 겪고 있는 상황에 잠시 머무르기를 바라요. 아무 말도 하지 마세요. 지금 현재 느끼고 있는 것을 느껴 보세요. [수퍼바이저가 내담자와 함께 사용할 수 있는 지금-여기 개입을 시연함]

수퍼바이지: 알겠어요.

수퍼바이저: 좋아요. 어떤 감정이 떠오르더라도 그냥 즐기세요. (오랫동안 멈춤) 지금 기분이 어떤가요?

수퍼바이지: 불안, 긴장, 약간 무섭네요.

수퍼바이저: 이 감정들에 대해 더 말해 줄 수 있나요?

수퍼바이지: 이상해요, 왜 제가 무서워하는지 모르겠네요. 뭔가 나쁜 일이 일어날 거 같아요. 직감적으로 나쁜 일이 일어나지 않을 것임을 알고 있는 데도요. 제가 했던 마음 챙김 작업을 기억할 필요가 있어 보여요.

수퍼바이저: 지금 어떻게 하고 있나요?

수퍼바이지: 그냥 숨을 쉬고, 순간에 머물러 있어요. 호흡에 집중하고 있어요.

수퍼바이저: 알겠어요. 좋군요. 계속하세요. [참을성 있게 기다려 줌]

수퍼바이지: (잠깐 눈을 감고 숨을 내쉬며) 조금 나아졌어요.

수퍼바이저: 좋아요. 불안해 보였는데, 이제 당신은 그것에 대응하고 현재에 더 머무를 수 있는 방법을 찾았군요. [아카디오가 병렬과정에 참여하도록 하기 전, 먼저 불안을 억제할 수 있는 방법을 찾았음]

수퍼바이지: 맞아요.

병렬과정에 참여하기

수퍼바이저: 알다시피, 아카디오, 저는 오늘 당신이 평상시 수퍼비전보다 조금 더 불안해하는 것을 보았어요. 예전 수퍼비전 세션에 비해 특별했어요. 동시에 당신

은 불안한 두 명의 내담자를 언급했어요. 그들이 치료 과정에서 당신에게 보인 모습과 오늘 수퍼비전에서 느끼는 느낌에 어떤 유사점이 있나요?

수퍼바이지: 맞아요! 이것이 제가 수업에서 배웠던 병렬과정인가요?

수퍼바이저: 적어도 저에게는 그렇게 보이네요. 그것을 분별할 수 있었던 것은 무엇 때문이었나요?

수퍼바이지: 저는 조금 뒤로 물러났어요. 이제 조금 느껴져요. 부끄럽네요. 왜 이 부분을 놓쳤을까요?

병렬과정을 처음 경험하는 수퍼바이지들은 그 과정이 얼마나 명확하게 이루어지는지 알게 되면, 종종 당황해한다. 이러한 알아차림에 동반되는 생각의 변화는 특히 일반적으로 잘 수행하는 경향이 있는 수퍼바이지들에게 잘 이루어지지만 그럼에도 곤란할 것이다. 따라서 수퍼바이저는 향후 경험을 인식할 수 있도록 경험을 일반화하는 것이 중요하다.

경험 일반화하기

수퍼바이저: 처음으로 병렬과정을 경험하는 것은 늘 꽤 혼란스러워요.

수퍼바이지: 와. 그렇네요.

수퍼바이저: 그리고 어떠한 것에 대해 배울 수 있는 유일한 방법은 경험하는 것이라는 것을 알 수 있죠.

수퍼바이지: 그렇네요. 그것을 직접 경험하는 것이 매우 흥미로워요.

수퍼바이저: 그렇군요. 이 경험을 통해서 무엇을 배웠나요? [다음

치료 세션에서 이 배움의 순간을 행동으로 옮기는 데 도움을 주기 원함]

심리치료 과정에 초점 맞추기

수퍼바이지: 오. 그런 것 같아요. 처음으로 저는 실비아에게 인내심을 가질 수 있을 것 같은 기분이 들어요.

수퍼바이저: 무슨 말이죠?

수퍼바이지: 아마도 제가 '인내심'을 이야기하는 것이 아닐지도 몰라요. 당신이 제 말을 멈추게 한 것처럼 저도 그녀의 말을 멈추게 할 수 있을 것 같아요. 그리고 저는 이 순간 저와 함께하는 당신이 정말 좋아요. 이것은 제가 실제로 느끼는 것들을 반영하는 데 도움이 되었어요. [병렬과정의 인식을 설명함]

수퍼바이저: 그녀가 당신과 비슷한 태도로 반응할 것이라고 생각하세요?

수퍼바이지: 아마도 그렇진 않겠죠. 그녀는 아마 저를 떠나고 말 거예요.

수퍼바이저: 하지만 생각과는 다르게 그녀는 애를 쓸지도 몰라요. 그 순간에 머물기를 더 좋아하는 당신과는 다르긴 하지만, 그녀는 나름 더 노력을 할 거예요.

수퍼바이지: 네, 그럴 수도 있겠네요. 그러면 저는 그녀가 그렇게 할 때까지 계속 말을 멈추도록 해야 할까요?

수퍼바이저: 어떻게 생각하세요? [그가 스스로 생각하도록 권한을 부여함]

수퍼바이지: 글쎄요, 만약 제가 그녀를 자꾸 멈추게 한다면 그녀는 굴하지 않고 계속 이야기할 거예요.

수퍼바이저: 그렇다면 당신은 그녀가 당신처럼 같은 시간 안에 비슷한 수준의 통찰을 할 것이란 기대를 낮춰야 할지도 몰라요. [반응에 직접적으로 지시함]

수퍼바이지: 그렇네요.

해결책

수퍼바이저: 병렬과정의 관계에 대해 더 논의할 것들이 있나요? [수퍼바이지가 내담자에게 정보를 어떻게 확인해야 하는지에 대해 수퍼바이저가 시연함]

수퍼바이지: 더는 없는 것 같아요. 엄청난 도움이 되었어요.

수퍼바이저: 아주 멋지네요!

사건은 성공적인 해결로 끝난 것처럼 보인다. 그러나 부분적일 뿐이다. 이 세션이 끝날 때 수퍼바이저는 '약간의 잔소리'처럼 느껴지게 말했고, 이 때문에 병렬과정 사건을 통해 성공적인 작업이라고 느껴지는 흥분되는 마음은 잠시 옆에 내려두게 되었다. 우리가 뒤에 이 사례를 다시 언급할 때 잔소리처럼 느껴지는 말은 무엇 때문이었는지 명확해질 것이다. 그러나 먼저 '다문화 인식 사건'이란 또 다른 형태를 검토하는 것이 중요하다.

다문화적 관심의 고조

주요 사건 모델 수퍼비전에서의 다른 중요한 과업들처럼 다문화적 관심은 중요하다. 우리 책이 2005년 출판된 이래로 다문화 상담과 정신치료에서 주요 사건 모델은 높은 관심을 받았다. 그러나 수퍼비전에서 다문화적 영역의 새로운 연구들은 부족하다(Ancis & Ladany, 2010; Laday & Inman, 2012). 이 장의 목표들을 위해 우리는 2005년 이후의 문헌들을 기반으로 한 최신의 다문화적 핵심 사건들의 관점을 제공하고자 한다.

다문화적 요인들은 나이, 성별, 인종, 민족성, 성적 지향, 능력 지위, 사회적 계층, 종교, 그리고 가족 구조뿐만 아니라 이 모든 다문화적 요소들의 교차성을 포함한다. 라다니 외(2005)의 연구에서 우리는 성별에 근거한 오해들을 언급했다. 현재까지 두 가지의 연구에서 성별 관련 사건과 수퍼바이저의 경험과의 관계를 조사했다(Bertsch et al., 2014; Walker et al., 2007). 성별 관련 주요 사건에 대한 사례 그림과 자세한 설명은 라다니와 프리드랜더(2014) 및 프리드랜더, 블랭코(Blanco), 버날디(Bernardi) 및 셰이퍼(Shaffer, 2017)를 참조하라. 본 장의 목적상, 우리는 성별을 사회 문화적 차이 중 하나로 보고, 이를 다문화 요소로 포함한다.

수퍼바이저 다문화적 역량에는 세 가지 요소가 포함된다. 지식(예: 다문화 상담 역량에 대한 지식, 다문화 수퍼비전 이론), 자각(예: 성 정체성, 인종 정체성), 그리고 기술들(예: 문화적으로 민감한 수퍼비전 개입)(Ancis & Ladany, 2010)이다. 다문화 수퍼바이저 역량은 다문화 인식 사건에서 성공적인 해결을 촉진하는 데 필수적이다.

다문화 인식 사건의 지표는 다문화의 차이가 보이지 않는 경우에

세 구성원(내담자, 수퍼바이저, 수퍼바이지)의 인구 통계학적인 부분이 현저하게 다르거나 혹은, 더 미묘할 수 있다(예: 성적 취향, 민족성, 능력 상태, 가족 구조). 작업 환경은 일반적으로 감정 탐색하기, 다문화 지식 평가하기, 다문화 인식에 초점 맞추기, 기술에 초점 맞추기, 경험 일반화하기, 수퍼비전 동맹에 초점 맞추기 순서로 구성된다. 앞에서 언급했듯이 주요 사건은 독립적으로 존재하지 않는다. 실제로, 그것들은 무수히 많은 방식으로 겹쳐지고 연결될 것이다. 우리는 이제 아카디오의 병렬과정 사례로 돌아가 다문화 인식 사건이 병렬과정 사건과 어떻게 겹쳐져 나타나는지 살펴볼 것이다.

성공적으로 해결된 다문화 인식 사건의 예

앞서 언급한 사례의 시작부분에서 우리는 수퍼바이저가 백인 여성이고 수퍼바이지는 휠체어를 타는 라틴계 남자, 내담자는 몸이 건강한 라틴 여성, 시각장애가 있는 백인 여성이라는 것을 설명했는데, 이를 고려한다면 다문화 지식, 인식 및 기술이 필수적이라는 것을 알 수 있다. 이러한 차이로 인해 수퍼바이저의 성별, 인종 및 또는 장애에 대한 언급(또는 이에 대한 관심 부족)은 다문화 인식 사건의 지표가 될 수 있다.

즉, 수퍼바이저가 병렬과정 사건의 작업을 수월하게 해냈지만, 수퍼바이저는 다문화 인식 사건에 대한 가능성을 무시해서는 안 된다. 다음은 아카디오의 후속 수퍼비전 세션에서 발생한 다문화 인식 사건을 보여준다.

이전 세션에서 수퍼바이저와 수퍼바이지가 그들의 상호작용에 대해 상당히 긍정적인 느낌을 가지며 끝났다는 것을 떠올려 보라. 수퍼바이저는 하루 종일 상담 세션을 반추해보았다. 그녀는 비록 진행은 잘 되었다고 느꼈지만 결론을 내릴 때는 잔소리를 하지 않을 수 없었다. 이 감정이 자신의 역전이 가능성을 나타내는 것으로 인식하고 그녀는 동료와 상의해보기로 결정했다. 이 상담 과정에서 동료는 진행 중인 다양한 다문화 문제가 있는 것으로 보인다고 하고, 이 중 어느 것이 해결되었는지 물었다. 그녀는 일반적으로 수퍼바이지와 다문화적 이슈를 불러일으키면서 편안함을 느끼기 때문에 이전의 아카디오 세션에서 그렇게 하지 않았다는 사실에 놀랐다. 그녀는 '잔소리 느낌'의 원인을 갑작스럽게 알게 되었다. 최근에, 그녀는 눈이 멀어질 수 있는 망막 질환인 황반 변성을 진단받았다. 그녀의 파트너 외에는 아무도 그녀의 진단을 알지 못했다. 그녀는 자동차 사고로 시각장애를 가지게 된 아카디오의 내담자 아이린과 자신이 시각장애인이 될 것에 대한 두려움을 연결시켰다. 이러한 통찰을 염두에 두고 아카디오와의 다음 수퍼비전 세션을 평소와 같이 시작했다.

수퍼바이저: 오늘은 무엇을 배우고 싶은가요?

수퍼바이지: 글쎄요, 지난주 세션에서는 GAD(Generalized Anxiety Disorder, 범불안장애)와 제 내담자인 실비아를 다룰 수 있는 방법을 알게 되어 기분이 좋았어요. 그리고 다른 내담자인 아이린에게 관한 건데, 그녀를 상담 시간에 데리러 갔다가 제 시간에 나오지 않아 약속을 취소해야만 했어요. 정말 실망했어요.

이것은 또 다른 선택 포인트이다. 수퍼바이저는 실비아와의 병렬 과정에 대한 논의를 촉진하여 아카디오가 이 내담자와의 후속 치료 세션을 어떻게 처리했는지 확인할 수 있다. 또는 수퍼바이저가 아이린의 상담 취소에 대한 아카디오의 실망에 대해 개입할 수 있다. 이전 수퍼비전 세션에서 아이린의 장애에 대해 논의하지 못한 것에 대한 그녀의 통찰로 인해 수퍼바이저는 후자의 문제에 참여하기로 결정하고 아카디오에게 실망감을 탐색하도록 요청함으로써 세션을 시작하게 된다.

수퍼바이저: 실망감에 대해 더 이야기해보세요.

수퍼바이지: 잘 모르겠어요. 실비아와는 모든 것이 괜찮았어요. 저는 그녀가 '지금－여기'에 머물 수 있도록 도우려 했지만 뭔가 마음은 다른 곳에 있는 것처럼 보였어요. 그리고 아이린은… 아이린을 만날 모든 준비를 마쳤을 때, 그녀가 상담을 취소했다는 것을 알았어요. 마치 한걸음 다가왔다 다시 한걸음 물러서는 것처럼 느껴졌어요.

지표

수퍼바이저는 이 시점에서 주요 사건의 시작 여부를 결정하기 위한 정보가 거의 없다. 더 많은 탐색 후에야 다문화 인식 사건의 지표가 드러난다.

수퍼바이저: 아카디오, 저는 당신의 내담자가 이전에도 상담을 취소했고 그 후에 당신의 반응을 본 적이 있어요.

당신은 일반적으로 이러한 방식으로 반응하지 않았어요. 무슨 일이 일어날 것만 같나요? [그의 부적절함을 지적함]

수퍼바이지: 확실하진 않아요. 제가 아이린과의 상담에서 그녀를 실망시킨 것 같고, 또 제가 느끼는 건… 큰 실망감 같은 것이에요.

수퍼바이저: 어떻게요? [아카디오가 바닥을 주시하고 있음을 봄] 지금은 기분이 어때요?

수퍼바이지: 슬픔과 두려움이 모두 하나로 모여 있어요.

수퍼바이저: 슬픔과 두려움. [감정을 촉진하기 위해 간단하게 반복]

수퍼바이지: 예, 저는 그녀를 도울 수 없었고 그녀에 대해서 두려움이 생긴 이유가 무엇인지 몰라 슬퍼요.

슈파바어저: 흥미롭네요. 당신 마음에 생기는 두려움과 떠오르는 이미지들을 계속 유지해보세요. [이것이 아카디오의 역전이인지 다문화적 인식이 부족하다는 지표인지 확신하지 못함]

수퍼바이지: 이것은 두려움에 잠식되는 느낌이에요. 그녀의 안내견이 떠오르는데요. 저는 개를 좋아하지만 어떤 이유로든 로스코를 떠올리면 불안감이 커져요. 로스코는 개 이름이구요. 그 개는 순한 기질을 갖고 있어서 두려워할 이유가 전혀 없지만요.

수퍼바이저: 이 개가 당신에게 의미하는 것은 무엇일까요? [그 개에 대한 그의 느낌보다 장애를 가지게 되는 것을 더 생각하기 시작함]

수퍼바이저는 아카디오가 자신의 질문을 생각해볼 수 있도록 한다. 상담장면에서 내담자에게 물어볼 수 있는 질문과 같은 수준이기 때문에 수퍼비전에서는 다소 강한 질문이다.

수퍼바이지: 그 개는 시각장애 안내견이에요. 그래서 그 개는 장애를 가진 사람에게 서비스를 제공하고 있어요. 그 부분을 저는 확실히 알고 있지만, 당신이 이 사실을 가지고 어떻게 하려는지 잘 모르겠어요. 저는 휠체어를 타요. 시각장애 안내견은 훌륭하지만 상담장면에서 꼭 필요하진 않아요.

이 시점에서 지표는 수퍼바이저에게 분명해진다. 그녀는 특히 장애와 관련한 아카디오의 다문화적 지식에 대해 이해하기 시작했다. 예전 세션에서 그들은 다양한 다문화 정체성의 하나로 장애에 대한 이야기를 나누었고, 아카디오의 장애에 대해서도 논의했었다. 수퍼바이저는 아카디오를 장애에 대해 능숙하고 지식이 있는 것으로 보고 있지만 자기 인식 측면에서는 제한적이라고 생각하고 있다. 따라서 그녀는 다문화 인식 사건의 과업 환경을 시작했다.

과업 환경

다문화 인식에 초점 맞추기

수퍼바이저: 맞아요. 사실이겠죠. 그러나 우리는 잠시 뒤로 물러날 수 있어요. 지난주 우리가 만났을 때, 당신은 불안감을 느끼면서, 당신이 이와 관련하여 약간의 두

려움을 느꼈다고 언급했어요. 저는 특히 장애와 관련된 다문화 문제에 대한 당신의 지식에 확신을 가지고 있어요. 그러나 우리가 지식이 있어도 때때로 사각지대가 생길 수 있죠. [이 '맹점'에 대한 언급은 의도하지 않았지만 제시됨]

수퍼바이지: 무슨 의미인가요?

수퍼바이저: 아이린은 어떤 종류의 장애가 있나요?

수퍼바이지: 그녀는 시각장애인이지만 저는 아니에요. 내신 서는 당신이 보는 대로 휠체어에 앉아 있죠. [빈정대며, 그는 그녀의 질문이 병렬과정과 관련 있는 것으로 인식함]

수퍼바이저: 네. 시각장애는 우리가 가지고 싶은 게 아니죠. [아카디오의 빈정댐을 방어적인 것으로 인식하고, 그의 통찰을 촉진하고자 함]

(잠시 멈춤)

수퍼바이저: …휠체어를 타는 것 이상으로요.

수퍼바이지: 오 세상에, 시각장애를 가진다는 것이 무엇인지 상상조차 할 수 없어요.

수퍼바이저: 정말 무서울 것 같네요.

수퍼바이지: 물론이에요. (멈춤) 와, 제 감정이 어디에서 오는지 아시는 건가요?

수퍼바이저: 아마도요. 당신은 무엇을 생각하죠?

수퍼바이지: 글쎄요. 저는 제 자신이 시각장애를 가지게 되는 것을 상상한 적이 없어요, 저는 하나님이 이 의자에 저를 두신 것은 제가 충분히 이를 다룰 수 있을 것

이라고 생각하셨기 때문이라고 이해했어요. 시각장애를 가지는 것도 끔찍할 거예요. 저는 그것을 받아들일 수 있는지 확실하지 않아요.

수퍼바이저: 그 두려움을 알게 되는 것이라면 아이린과의 치료과정을 방해할 수 있겠네요.

수퍼바이지: 그렇죠. 제가 하고 싶은 말이 있는데요. 이게 흥미롭게 들리거나, 아예 관심이 가지 않을 수도 있을 거예요. 아마도. 아이린이 제가 휠체어에 있다는 사실을 모를 수도 있어요. [그가 내담자의 관점을 받아들일 수 있는 능력이 있음을 보여줌. 중요한 기술]

수퍼바이저: 오 맞아요! 이해했군요! [그의 통찰에 기뻐함]

수퍼바이지: 그동안 이런 일은 경험해본 적이 없어요. 누군가 들어 와서 의자에 앉아있는 저를 전혀 의식하지 않고 쳐다보지 않는다는 게 좋았어요. 그녀는 저와 함께 그냥 있어줬어요. 그런데 장애를 의식하느라 그녀와 진정성 있는 만남을 가질 기회를 잃어버렸던 것 같아요.

수퍼바이저: 저는 당신이 지금 잘 가고 있다고 생각해요. [그의 인식을 강화함]

수퍼바이지: 고마워요.

수퍼바이저: 그래요, 그럼 이제 장애 문제가 아이린과 어떻게 연결되는지 더 잘 알게 되었으니 다음 세션에서는 이 문제를 어떻게 다뤄볼 수 있을까요? [그의 다문화 전문 지식을 보여줄 수 있는 기회를 주기 원함]

심리치료 기술에 초점 맞추기

수퍼바이지: 우선, 우리는 이것에 대해서 대화를 시작할 수 있을 것 같아요. 저는 저의 장애에 대해서 이야기를 꺼낼 수 있을 것 같아요. 그리고 어떻게 우리 모두가 신체적 장애를 가지게 되었는지, 아이린이 알고 싶어 하는 것들에 대해서 이야기할 수 있을 것 같아요. 이것은 그녀의 장애와 관련해 그녀의 다문화 정체성을 평가하고 우리의 두 정체성이 어떻게 상호작용하는지 고려해 볼 수 있는 기회를 줄 것 같아요. 또한 우리 모두에게 장애가 있기 때문에 우리의 반응이 같아야 한다는 생각이 과장되지 않도록 주의해야 하겠죠.

수퍼바이저: 그리고요?

수퍼바이지: 글쎄요, 저는 휠체어에 있는 것이 어떤지에 대해서는 여러 생각들을 가지고 있지만 사실 시각장애인의 생각은 전혀 몰라요.

수퍼바이저: 또 그녀와의 인종적인 차이는 어떤가요?

수퍼바이지: 좋은 지적이네요. 우리는 그 부분도 다르기 때문에 그것에 대해 논의할 수 있어요. 또 성별 차이도 있어요.

수퍼바이저: 따라서 그녀와 함께 가기 위해서 여러 다문화와 관련된 것들을 이야기해 볼 수 있겠네요. 게다가 그녀는 불안을 가지고 있으니 그 부분을 잊어버릴 수도

있을 것 같아요. [통합된 개념화 (즉, 장애와 관련한 진단)를 촉진하기 원함]

수퍼바이지: 물론이죠. 이 모든 것에서 어떻게 균형을 유지하나요?

수퍼바이저: 음, 그런데 가장 먼저 해야 할 것은 아이린이 상담 세션에 참석해야 한다는 것이죠!

(함께 빙그레 웃음)

수퍼비전 동맹에 초점 맞추기

수퍼바이저: 지금까지 우리의 작업이 어떻게 진행되고 있는지 확인하고 싶어요. [장애에 대한 그들의 논의와 관련해 불편해질 수 있는 가능성을 간과하고 싶지 않음]

수퍼바이지: 또 다른 엄청난 통찰이네요! 저는 이런 방법으로 작업할 수 있는 기회를 갖게 되어 매우 기뻐요. 지난주에는 다문화적 조각들을 보지 못해 매우 당황하고 좌절했었어요. 특히, 수퍼비전 밖에서는 줄곧 그 생각뿐이었어요.

경험 일반화하기

수퍼바이저: 지난주와 마찬가지로, 저는 당신의 당황과 좌절감이 우리가 인식하지 못하는 것들을 인식하는 일반적인 반응이라는 것을 알았으면 좋겠어요. 어때요?

수퍼바이지: 네, 하지만 이것이 좀 더 쉽게 얻어졌으면 좋겠네요.

수퍼바이저: 확실하진 않지만, 더 많이 할수록 더 빨리 통찰을 얻을 수 있을 거예요. 바로 전날 저는 제 사각지대

에 있는 문제를 다루는 상담을 받았었어요. 그것은 제가 알고 있는 것이지만, 이번에는 달랐어요. 상담이 도움이 되었고 앞으로 나아갈 수 있었어요.

이 시점에서 수퍼바이저는 최근의 개인적 도전 과제 중 일부를 공개하기로 결정했으며 이전 세션 이후의 이러한 통찰로 인해 아카디오의 다문화 문제에 대한 관심 부족을 간과했음을 알게 되었다. 자신의 임상적 노력에 대한 수퍼바이저의 노출은 강력한 힘이 있다. 수퍼바이저가 자신의 노력을 더 많이 밝히면 수퍼비전 동맹을 강화하는 데 도움이 될 수 있다(Ladany & Walker, 2003). 또한, 치료 장면에서 어떻게 수퍼바이지에게 적절한 시점에서 자신을 공개하는지에 대한 실제 예를 보여주는 것은 내담자에게 이익을 줄 수 있다. 그러나 이 경우 수퍼바이저는 정보가 너무 개인적이며 수퍼바이지보다 수퍼바이저의 정보가 더 많을 것으로 생각했기 때문에 자신의 망막질환에 대한 구체적인 사항은 공개하지 않기로 결정했다.

수퍼바이지: 당신은 경험도 많고 유능하지만, 여전히 다뤄야 할 것들이 있다는 것을 아는 건 좋은 것 같아요.

수퍼바이저: 음… 사실, 저는 당신에게 이것을 말할지 말지 고민하고 있었어요. 물론 개인적인 내용이죠. 이 사례의 수퍼바이저로서 도움이 될 수 있는 방법이라고 생각했어요.

수퍼바이지: 에고… 네. 선생님에 대해 알려줘서 감사해요. 저는 때로는 무엇을 어떻게 해야 할지 모를 때가 있어요!

수퍼바이저: 물론이죠! 우리 분야에서 배움은 끝이 없죠. 이런 이유 때문에 이 일은 매우 즐거워요.

수퍼비전에서 다문화 문제에 대한 작업은 감정적으로 소진될 수 있으므로 수퍼바이저와 수퍼바이지가 같은 장면에 있는지 확인하기 위해 수퍼비전 동맹에 초점을 맞추는 것이 현명하다. 또한 지금까지 세션에서 배운 내용과 수퍼바이저가 수퍼비전 세션을 치료 세션에 일반화할 수 있는 방법을 정리하는 것이 필요하다.

수퍼비전 동맹에 초점 맞추기

수퍼바이저: 이제 앞서 했던 중요한 질문으로 돌아가 보죠. 다문화 문제에 집중할 때와 불안에 집중할 때를 결정하는 방법을 물었죠. [그들의 동맹의 과업에 초점]

수퍼바이지: 그러네요. 다뤄야 할 게 많네요. 제안하실 것이 뭔가요?

수퍼바이저: 내담자가 여러 가지 문제를 제기할 때 어떻게 하면 될까요? [아카디오가 자신의 질문에 대답할 때 강화함]

수퍼바이지: **내담자가 우리를 데려가는 곳으로 가라.** [반응성에 대한 지식을 나타냄]

수퍼바이저: 맞아요, 이 경우 아이린은 당신에게 상담을 받고 싶은 부분에 대한 내용을 제공할 수 있어요. 지금까지 그녀는 자신의 불안에 집중하고 싶다는 것을 분명히 했고, 이를 돕기 위한 다양한 행동 중재가 있어요. 그리고 우리는 수퍼비전에서 당신이 시도한 것들과

그것이 어떻게 작용했는지 뿐만 아니라 이와 관련해서 내담자에 대해 더 많이 이야기해볼 수 있어요. 또한, 그녀와 함께 작업할 때 사용할 수 있는 특정 다문화 개입도 이야기해볼 수 있고요.

해결책

수퍼바이지: 너무 좋네요. 다문화적 변수들을 고려해보는 것은 확실히 좋아요. 그리고 행동 중재 중에 일부분을 더 이야기하고 싶어요.

수퍼비전 세션 중 아카디오의 다문화 인식의 수준은 높아졌다. 이 사건이 끝날 쯤에, 그는 기술 사용의 어려움을 해결하는 다른 중요한 사건에 대한 지표를 제안했다(즉, 내담자의 불안에 대해 보다 효과적으로 작업할 수 있도록 지원 요청). 이 지점에서 수퍼바이저는 3장에서 설명한 것과 유사한 다른 작업 환경을 시작할 수 있었다.

그러나 이 마지막 수퍼비전 사건에서 꺼내기 힘든 이야기를 꺼내는 병렬과정이 추가로 발생했다. 이 병렬과정에는 자신의 장애를 수퍼바이지에게 공개하는 것에 대한 수퍼바이저의 망설임과 수퍼바이지 자신의 장애에 대한 지식을 내담자에게 알리려는 결정이 포함되었다. 수퍼바이저는 자신이 경험하는 두려움을 오랫동안 설명할 수 있었지만, 이러한 노출은 아카디오의 학습을 촉진하지 않았을 것이라고 판단했으며, 실제로 심사숙고했던 사항을 직접 말했다. 그녀는 자신의 임상적 노력을 노출함으로써 아카디오의 학습을 촉진하는 또 다른 병렬과정을 이끌었고 아카디오의 동정심을 불러일으킬 만한 개인적인 문제없이 수행을 완료했다.

수퍼바이저가 다문화 문제를 인식하지 못했거나 제대로 대응하지 않았다면 다문화 사건은 해결되지 않았을 것이다. 더욱이, 이 예에서 추가적인 다양성 요인, 즉 성별과 인종은 추후에 수퍼비전에서 논의될 수 있다. 따라서 수퍼비전이 3회기에 걸쳐 진행되는 과정에서 우리는 병렬과정을 통해 다문화 인식을 높이고 기술 난이도를 개선하는 4가지 수퍼비전 작업과 관련된 사건을 목격할 수 있었다. 사건에서 이러한 작업을 처리하는 것은 수퍼바이저이며, 파도를 따라 파도에 올라타야만 하고, 상담이 질적으로 떨어지지 않도록 최선을 다해야 한다.

특별 고려 사항 : 'SUP OF SUP'(수퍼바이저의 수퍼바이저)

이전 장에서는 수퍼비전 사례(수퍼바이저와 수퍼바이지 한 쌍)와 치료 사례(상담자와 내담자)에 병렬과정에서 발생하는 방식에 중점을 두었다. 우리는 또한 훈련과정에서 수퍼바이저와 수퍼바이저, 수퍼비전 관계, 심리치료 관계에서 발생하는 병렬과정을 살펴볼 수 있다.

이 3가지 관계 간의 복잡성이 각 레벨에서 가속화되도록 하기 위해서 각각의 수준에서 동일한 주요 사건 접근 방식을 사용할 수도 있고, 최상위 수준에서도 시작할 수 있다. 간단한 예로서, 상담사에 의해서 아직 탐색되지 않는 심각한 불안을 보이는 내담자를 생각해보라. 상담사는 수퍼바이지의 역할이 되면서 수퍼비전 장면에서 평상시와는 달리 불안해진다. 이를 수퍼바이저도 비슷하게 간과할 수 있으며, 수퍼바이저도 경험한다. 그다음, 수퍼바이저는 그녀 또는 그의 수퍼바이저에게('sup of sup') 자신의 불안함을 전달한다. 그런 다음 수퍼바이저와 병렬과정을 수행한 것이 수퍼비전 수퍼바이저에서 이어진다. 결국 그들은 해당 과정이 상담자의 심리치료 과정으로 연결되어 나타나길 원한다. 이 분야에서 경험적으로 진행된 연구는 없는 것으로 보이기 때문에 다중 병렬과정은 향후 연구를 위한 유익한 방향이 될 수 있다.

결론

다수의 중요한 사건들이 서로 얽혀 있어 수퍼바이저는 수퍼비전 개입의 중요성과 초점을 보다 잘 이해하기 위해 사건들을 분석해야 한다. 여러 사건들을 관리하는 것은 수퍼비전 기술 그 자체다. 다음 장과 마지막 장에서는 수퍼비전 모델에서 주요 사건들을 어떻게 사용하여 수퍼비전을 실제로 향상시키는지에 대한 방법들을 소개한다.

05 연습 및 교육에서 주요 사건 모델 사용하기

Supervision Essentials for the Critical Events in Psychotherapy Supervision Model

이 장에서는 심리치료 수퍼비전 모델에서 주요 사건들의 실천적 의미에 대해 설명하기 전에, 이 책의 참고 비디오인 '심리치료 수퍼비전에서의 주요 사건'들에 대한 수퍼비전 수행의 효과적이고 비효과적인 요소들을 다양하게 고려하여 논의할 것이다. 다음으로, 수퍼바이저가 모델 사용을 할 수 있도록, 본 모델을 학습할 수 있는 방법을 제안한다. 마지막으로, 어떻게 본 모델을 연구할 수 있는지에 대한 연구와 관련된 접근방식에 대해 논의할 것이다.

주요 사건 모델 실행하기

이 부분에서는 주요 사건 모델의 비디오 데모를 참조한다(http://www.apa.org/pubs/books/4310956.aspx/에서 구입가능). 참고 비디오에 설명된 주요 사건은 역전이를 통해 일어난다(Ladany, Friedlander, & Nelson, 2005). 이 시연에서 연습생인 티파니는 내담자의 의료용 대마초 사용과 관련해서 난제에 직면해 있다. 니콜라스 라다니는 그녀의 자문 수퍼바이저이다.

티파니는 약물 남용 이력이 있는 오빠와 그의 중독으로 인한 부정적인 결과들이 나타난 내담자를 만났다. 티파니는 세션 시작 3분 만에 이 내담자와 관련하여 자신의 개인적 배경과 반응을 설명하기 시작했으며, '개인 대 임상'에 대한 고민이 얼마나 많은지를 정리하고자 했다.

이렇게 사건의 지표는 세션의 초기에 나타났다. 그녀의 걱정이 개인적인 성격 때문이라는 것을 인식한 것은 이 사건의 과업이 역전이를 통해 일어날 것임을 시사한다. 비록 건설적인 역전이가 정신분석 문헌에서 설명되지만, 우리는 적용 가능한 보다 광범위한 정의를 고려하고 있으며, 이는 임상 연구로 나타난 경험을 수퍼비전에 시도하는 개인적인 도전이기도 하다(Ladany et al., 2005).

지표가 인식되면 세션은 주요 사건의 과업으로 이동한다. 첫 번째 상호작용 시퀀스는 심리치료 과정에 초점을 맞춘다. 즉, 내담자가 수퍼바이지에게 어떤 인상을 주었는지 대한 논의에서 시작되며, 티파니의 경우 내담자의 성숙함이 늦어지는 것 같은 문제(예: 그의 나이보다 적어도 5살 어리게 보이는 것)에 주목했다. 그리고 두 번째 상호작용 시퀀스(역전이에 초점 맞추기)에 상당한 시간을 할애했고, 특히 그녀의 원가족에서의 역할에 초점을 두었다. 감정의 연속적인 탐색이 뒤따랐고, 그동안 수퍼바이지는 상실감과 슬픔의 강렬한 감정을 느낄 수 있었으며, 그중 많은 것은 그녀의 오빠와의 관계에서 비롯된 것이었다. 우리는 또한 수퍼바이지 동맹에 대한 시퀀스에 초점 맞추기를 사용하여 우리가 관여하고 있는 작업이 수퍼바이지에게 도움이 되는지 여부를 확인했다. 티파니는 이 작업을 계속할 용의가 있음을 알렸다(수퍼비전 동맹 과업에 대한 합의를 반영). 작업 내내 라다니 박사는 티파니가 수퍼비전 세션에서 경험하는 것에 공감하며 수퍼비전 동맹의 유대적인 부분을 강화하였다.

마지막은 병렬과정으로 진행되었다. 수퍼바이저는 자신이 내부적으로 갈등을 겪고 있다고 밝혔다. 즉, 수퍼바이지에게 그녀의 사건을 어떻게 진행해야 할지, 조언해야 할지 고민했다(티파니의 질문은 내담자에게 약용으로 마리화나를 사용하는 것이 현명한 것인지 아닌지에 대해 조언해야 할지 말지에 대한 것이다). 이 병렬과정에 대해 논의되는 동안, 티파니는 내담자에게 무엇을 해야 하는지에 대한 자신의 내부 갈등을 확인할 수 있었다.

이러한 상호작용 시퀀스는 역전이를 통한 작업 보넬의 결과와 매우 비슷하다(Ladany et al., 2005). 현재 시연에서는 수퍼비전 작업 동맹에 초점을 맞춘 것이 추가적인 상호작용 순서에 해당한다. 그리고 동맹은 티파니가 기꺼이 말하기 원했던 원가족에 대한 논의의 깊이와 양에 기반을 두었다. 또한, 라다니 박사는 세션의 과업이 상호 합의되었고 그녀가 믿고 있는지 계속해서 확인했다. 티파니가 기꺼이 그렇게 할 것처럼 보였지만, 수퍼바이저는 그녀에게 더 깊은 수준의 과업으로 옮겨가는 것을 받아들일 수 있는지 물어보기 위해 기초를 다듬는 것이 중요하다고 믿었다. 이 확인 방식은 수퍼바이저가 수퍼비전 동맹의 과업 구성요소에 대한 합의에 특별히 주의를 기울이는 방식이다.

마지막 단계인 문제 해결은 8분 동안 진행되었다. 라다니 박사는 티파니에게 수퍼비전 동안 얻은 통찰이 내담자와의 치료 과정에 어떤 영향을 미칠 수 있는지에 대해 물었다. 이 논의의 목적은 치료적 반응성에 대한 학습을 위해 수퍼비전 작업의 토대를 형성하는 것이다.

티파니는 해결의 주된 요인이 자기 인식의 증가라는 것을 확인할 수 있었다. 그녀는 이러한 자기 인식의 변화가 자신의 내담자에게 '좀 더 실존적'이 되는 데 도움이 될 것이라는 믿음을 나타냈다. 그리고 그녀의 내적 분투는 그녀의 세션 동안 덜 떠오르게 될 것이다. 이는 내담자와의 치료 과정을 덜 산만하게 할 것이다. 또한 이러한 새로운 깨달음이 미래의 내담자들과 함께 티파니에게 어떤 도움이 될 수 있는지 알아보았다. 비록 역전이 사건이 생산적인 방식으로 해결되었지만, 티파니는 그녀 자신의 개인적인 심리치료를 통해 이러한 문제에 대한 추가 작업이 중요할 것이라는 것을 인정했다.

결론적으로, 세션은 주요 사건 모델에 맞춰 상당히 잘 진행되었다. 상호작용 시퀀스는 이전의 이론화 과정과 일치했을 뿐만 아니라, 5개의 시퀀스 역시 셰이퍼와 프리드랜더(2015)가 우리 모델에서 가장 관계성이 높은 것으로 파악한 장면이다(감정 탐색하기, 심리치료 과정에 초점 맞추기, 역전이에 초점 맞추기, 병렬과정에 참여하기, 수퍼비전 동맹에 초점 맞추기).

물론 세션이 이렇게 잘 풀리는 것이 좋지만, 모든 상황이 이번처럼 성공적인 해결을 이끌어내는 것은 아니라는 점에 유의해야 한다. 성공적인 해결을 하더라도 수퍼바이저는 그 일을 돌아보고 어떤 것이 더 바람직했을지 생각해봐야 한다. 예를 들어, 티파니와의 세션에서 만약 내담자가 마리화나를 사용하기로 결정한다면, 티파니에게 '최악의 경우 시나리오'를 고려하도록 권하는 것이 얼마나 도움이 되는지 생각해볼 수 있다. 이러한 부분이 그녀가 특정 시점에서 필요한 통찰을 얻는 데 도움이 되었을 수도 있고, 다른 중요한 수퍼비전 작업에 대한 시간을 절약했을 수도 있다. 그는 완료되지 않은 수퍼비전 세션이지만, 미래의 의미 있는 작업을 위한 문을 열어주게 되길 희망했다.

효과적인 또는 비효율적인 수퍼비전

심리치료 수퍼비전 수행은 예술이자 과학이기 때문에 수퍼비전의 이론적 모델은 복잡성의 측면에 주목하기 시작했다. 이론적 모델은 수퍼비전의 효과와 비효과성을 결정하는 일부 요인이다. 라다니(2013)는 효과적 수퍼비전 요인들에 대해서 학자들이 다양한 중요 요인들을 검토하고, 실무자들이 효과를 측정할 때, 중요한 고려사항으로 반영할 수 있다고 했다.

효과적인 수퍼비전에서는 다음 요인을 고려해야 한다.

1. **수퍼비전 관계의 힘을 인식한다.** 주요 사건 모델 수퍼비전에서는 작업 동맹의 관점에서 관계를 정의한다. 시간이 지나면서 수퍼비전 관계의 강도는 다양한 수퍼비전 프로세스 및 결과 변수(예: Ladany & Inman, 2012)에 중요한 원인 제공을 한다.
2. **수퍼비전을 위해 만들어진 모델을 활용한다.** 우리는 수퍼비전 수행을 위해 한 가지 심리치료 모델(예: 정신분석적 수퍼비전)에만 의존하는 것은 실수라고 생각한다. 하지만 오히려 수퍼비전을 위해 특별히 만들어진 모델, 즉 수퍼비전에 내재된 고유한 프로세스를 인식하는 모델은 수퍼비전의 결과를 향상시킬 수 있다. 이 책에서는 심리치료 수퍼비전에서의 주요 사건을 설명하고 다루지만 APA의 임상 수퍼비전 필수 시리즈의 두 가지 모델을 포함하여 고려해 볼 가치가 있는 다른 모델도 있다. 그 모델은 맥닐(McNeill)과 스톨턴버그(Stoltenberg, 2016)의 통합 개발 모델과 할로웨이(Holloway, 2016)의 시스템적 접근 수퍼비

전 모델이다.

3. **수퍼비전은 심리치료와는 다르고 독특한 상태라는 것을 인식한다.** 첫째, 수퍼비전은 본질적으로 교육적이다. 수퍼비전에는 관계적인 요소가 있지만 수퍼바이저의 주요 기능은 가르치는 것이며, 이는 교육적 시도이다. 둘째로, 또 다른 주요 기능은 '평가'이다. 이는 수퍼바이저가 정신 건강 관련 직업의 문지기 역할을 하기 때문이다. 셋째, 대부분의 경우, 수퍼비전은 수퍼바이지에게 의무 사항이다. 심리치료를 특징짓는 관계를 벗어나는 것은 수퍼비전과 관련이 없다.

4. **역할 안내를 한다.** 2장에서 언급한 바와 같이, 수퍼비전이 시작될 때, 수퍼바이지에게 예상되는 역할과 책임을 제공하면 나중에 잠재적인 문제를 완화할 수 있다. 그렇지 않으면 부실하거나 해로운 수퍼비전 경험이 발생할 수 있는데(Ellis et al., 2014; Nelson & Friedlander, 2001), 수퍼바이지가 이전에 수퍼비전을 받았기 때문에, 수퍼바이지 스스로가 자신에게 기대하는 바를 알고 있다고 가정하지 않는 것은 중요하다.

5. **수퍼비전과 심리치료를 구분한다.** 비록 수퍼비전에서 일어나는 과정이 치료에서 일어나는 과정(예: 감정 탐색하기)과 동일한 것처럼 보일 수 있지만, 수퍼바이저들은 수퍼비전(예: 내담자를 더 잘 이해하기 위한 자기 인식 증가)의 목표와 심리치료의 목표(예: 기능을 개선하기 위한 자기 통제력 증가)를 혼동해서는 안 된다.

6. **수퍼바이지 중심적으로 진행하고, 내담자 중심적인 결과를 경계한다.** 때때로 수퍼바이저는 수퍼바이지의 학습에 충분히 주의를 기울이지 않고, 내담자의 복지에 집중하기 쉽다. 때때로 내담자가 자살 충동을 느끼는 경우와 같은 상황에는 독점적인 내담자 집중이 나타날 수 있다. 즉, 수퍼바이저는 수퍼바이지를 배제하고 내담자에게만 주의를 기울이고 싶은 충동을 억제해야 한다.

7. **수퍼비전을 할 때 숨겨진 자료를 눈치채야 한다.** 수퍼비전에 대한 연구(예: Mehr, Ladany, & Caskie, 2015)는 수퍼바이지가 종종 그들의 수퍼바이저에게 임상적으로 관련된 자료를 보여주지 않는다고 보고한다. 이는 부정적인 평가를 우려하기 때문일 수 있다. 관련 자료를 비공개하는 것은 명백히 내담자 관리를 방해할 뿐만 아니라 수퍼바이지의 학습을 방해할 수 있다.

8. **수퍼비전에 관련된 윤리적, 법적 문제에 대한 이해를 증진한다.** 수퍼바이저는 대리 책임, 기밀성 및 여러 가지 역할 등의 치료와 관련된 문제가 아닌 다른 문제들도 해결해야 한다. 그래서 수퍼바이저는 스스로 치료에서의 법적, 윤리적 문제에 대한 지식이 충분하다고 가정하지 않고, 수퍼비전의 윤리 및 법률을 숙달해 가야 한다.

9. **모범 사례를 사용하여 평가한다.** 부분적으로 효과적인 수퍼비전의 요소는 성공지향적이어야 한다. 현재까지 건강하고 온전한 정신측정학적 특성을 가진 모범 사례 평가 척도가 개발되거나 검증되지 않았다. 따라서, 수퍼바이저들은 평가의 두 가지 요소(목표 설정 및 피드백)에 최대한의 주의를 기울일 수 있

도록 최선을 다해야 한다.

10. **다문화 역량을 위해 노력한다.** 21세기 초부터 상담자와 내담자 사이, 수퍼바이저와 수퍼바이지 사이의 다양한 다문화적 도전(예: 미묘한 차별)에 대한 주제가 지속적으로 나타나고 있다. 따라서, 전문적인 다문화 학문 분야의 발전에 뒤처지지 말아야 하는 것이 수퍼바이저의 의무이다.

11. **병렬과정의 중요성을 인식한다.** 우리는 4장에서 이 요소에 대해 상세히 논의했다. 거듭 강조하지만, 수퍼바이저는 병렬과정이 어떻게 발생하는지 이해하고 수퍼바이지가 병렬과정을 인식하도록 하는 데 익숙해야 한다.

12. **관리상의 책임을 다한다.** 수퍼바이저의 가장 큰 도전은 '교육자'와 '상담자' 역할의 균형을 맞추는 것이다. 또한 수퍼바이저들이 주의를 기울여야 하는 다양한 관리상의 책임들이 있다. 예를 들어, 메모를 하고, 모니터링을 감독하고, 다양한 서류 작업 등을 하는 것이다.

13. **그룹 수퍼비전 및 동료 수퍼비전에 대한 중요성을 인식한다.** 본 책에서의 초점은 개인 수퍼비전이었지만, 그룹 수퍼비전 및 동료 수퍼비전이 어떻게 중요한 보완적인 수퍼비전 활동으로 적용될 수 있는지에 대한 연구들이 있다(Avent, Wahesh, Purgason, Borders, & Mobley, 2015; Bures, Wood, & Inman, 2013). 수퍼바이저는 그룹 내에 인식되지 않은 다양성이 있는 경우, 수퍼비전에 대한 목표뿐만 아니라 그룹 프로세스도 방해할 수 있다는 것을 알아야 한다(cf. Friedlander et al., in press).

14. **수퍼비전 교육 및 수퍼비전을 받는다.** 수퍼바이저 기술 개발에서의 중요점과 심리치료 기술 개발에 두는 중요점 사이에는 상당한 차이가 있다. 초보 수퍼바이저들은 전문적인 개발 기회를 통해서만 기술을 개발할 수 있다. 이러한 전문적 개발 활동이 수퍼바이저의 역량 개발에 충분한지 여부는 아직 밝혀지지 않았다. 특히, 전통적인 전문 개발 워크샵에서 최소로 다루는 수퍼비전 작업은 수퍼바이저의 자기 인식을 높이는 것이 핵심적이다. 우리는 수퍼바이저가 수퍼비전 기술을 지속적으로 관리할 것을 권장하며, 수퍼바이저가 업무상의 장애물을 발견하면 수퍼비전에 대한 지속적인 감독을 강화하고 수퍼바이지와 수퍼바이지의 내담자에게 더 나은 서비스를 제공하기 위한 상담을 받아야 한다.

수퍼비이지는 비효율적인 수퍼비전 수행을 지양해야 한다. 한편으로는 수퍼바이지들이 부실한 수퍼비전 결과에 기여할 수 있다는 것을 인식하는 것도 중요하다. 우리는 이러한 비효율적인 수퍼비전 요소들을 수퍼바이저 요인, 수퍼바이지 요인 및 상호 요인으로 분류한다.

다음은 효과적인 수퍼비전 수행을 반영하는 요소와 함께 고려해야 할 다른 요소들이다. 첫째, 수퍼바이저들은 개발 모델을 잘못 적용하여 수퍼바이지들이 어린애 취급을 받는다고 느끼게 한다고 알려져 있다. 다시 말해서, 일부 수퍼바이저들은 많은 초보자들이 상당한 기술을 가진 훈련 프로그램에 들어가 있다는 것을 고려하지 않고, 모든 수퍼바이지들을 다룰 필요가 있다고 잘못 생각하고 있다. 반대로, 고급 수퍼바이지에게 지원이 거의 필요하지 않다는 가정은 이들의 학습 기회를 놓치게 하는 결과를 가져올 수 있다. 특히 일반적인 개념화 능력에서 수퍼바이지의 경험이 상당히 풍부하고 정교함에도 불구하고 수퍼바이지가 지식이 거의 없다고 생각될 수 있는 특정 분야에서 더욱 그렇다.

둘째, 때때로 평가는 수퍼바이저에게 어려움을 준다. 어떤 면에서 비판적인 피드백을 제공하는 것은 민감한 심리치료의 특징인 공감적이고 비판단적인 접근과 반대되는 것처럼 보인다. 그럼에도 불구하고, 수퍼바이저들은 모든 수퍼바이지들에게 특별하게 긍정적인 평가를 제공하는 것에 주의해야 한다. 그것은 직업적 문지기 역할을 포기하는 것이다. 또한 수퍼바이저들은 수퍼바이지의 능력을 평가하기 위한 신뢰할 수 있고 유효한 도구가 부족하기 때문에 종종 어려움을 겪는다.

셋째, 다문화적으로 잘못 이해하고 있거나 수퍼바이지, 내담자, 직원, 지역 사회 구성원 등 타인에 대한 접근 방식이 편협한 수퍼바이저가 있다. 수퍼바이지들은 성차별, 인종 차별, 동성애 혐오와 같은 다문화적 무능성을 반영하는 수퍼바이저의 편향된 믿음과 권고를 쉽게 받아들인다(Walker et al., 2007). 수퍼바이지들이 수퍼바이저보다 더 많고 더 나은 다문화 훈련을 받고 수퍼비전을 오는 것은 드문 일이 아니며, 이는 부정적인 수퍼비전 경험을 초래할 수 있다.

현재까지 초점은 수퍼비전 수행에 긍정적이거나 부정적인 영향을 미칠 수 있는 수퍼바이저 행동의 요소를 살펴봤다. 하지만, 수퍼바이지들도 중요한 역할을 한다. 수퍼비전에 관련된 수퍼바이지 요인에 대한 네 가지 요인은 다음과 같다. 첫째, 학습에 대한 수퍼바이지의 개방성과 피드백에 대한 수용성은 학습이 이루어지는 데 있어 매우 중요하다. 둘째, 수퍼바이지는 '도움을 주는 기술'을 배우고 훈련받을 수 있는 능력을 갖추어야 한다. 한두 학기 이상은 기술 훈련을 하는 데 시간을 사용하는 것이 좋을 것이다. 기본적으로, '도움을 주는 기술'은 평가가 가능한 몇 안 되는 기술이다(Hill & Lent, 2006). 셋째, 수퍼바이지들은 깊은 자각과 자기 성찰의 능력을 갖추어야 한다. 수퍼바이저에게서 배우는 것은 물론, 자신의 경험으로부터 배워야 하므로, 수퍼바이지들은 치료 작업과 관련하여 자신을 이해할 수 있는 능력을 가지는 것과 이를 위해 시간을 할애할 필요가 있다. 넷째, 수퍼바이지는 지식 습득 능력을 갖추어야 한다. 하지만 지식만으로는 (예를 들어, 이론, 연구, 통계 등) 유능한 상담사가 되기에는 충분하지 않다. 사실상 실습 프로그램은 지식 습득을 지나치게 강조하고, 상담사로서 역량의 필수요소인 기술 개발을 과소평가할 수도 있다.

수퍼비전의 비효율성과 관련된 최종 요인은 상호 요인(수퍼바이저와 수퍼바이지 간에)과 관련이 있다. 첫째, 강력한 수퍼비전 동맹은 수퍼비전 효과에 기여하는 기초적인 부분이다. 마찬가지로, 문제가 있는 동맹은 수퍼비전 작업의 불화가 될 수 있는데 이는 다양한 부정적인 결과와 관련이 있는 것으로 관련 임상 자료의 비공개, 수퍼바이저의 권고에 대한 무시, 그리고 비생산적인 시간을 수퍼비전에 소비하는 것이다. 둘째, 내담자의 성과에만 집중하는 수퍼바이저는 수퍼바이지의 학습에 도움이 되지 않을 수 있으며, 실제로 수퍼바이지가 저항하고 응답하지 않게 될 수 있다. 마지막으로, 우리는 수퍼비전 세션에서 사례에 대한 논의가 우선인 수퍼바이저에게 주의를 주고 싶다. 전문적인 개발 목표와 수퍼비전 과업에 거의 관심이 적거나 또는 관심이 전혀 없이 사례 노트 검토만을 하는 수퍼비전 세션은 본질적으로 부적절하고 잠재적으로 해로울 수 있다(예: Friedlander, 2015).

주요 사건 모델에서 수퍼바이저의 훈련

수퍼바이저 훈련에 대해서 지난 10년 동안 전문적인 개발 집단에서 더 많은 관심을 가지게 되었지만, 모범 사례는 제한적이다. 이 절에서는 주요 사건 모델을 잘 적용할 수 있도록 수퍼바이저를 훈련하는 방식을 제안한다. 이 방식은 두 가지 방법이다. 첫째, 발생한 수퍼비전 작업(되돌아보기)을 검토하는 모델을 사용할 수 있다. 둘째, 수퍼바이저가 수퍼비전 세션 동안 그리고 향후 수퍼비전 세션을 예상하며 훈련하는 모델이다(미리 예측하기).

되돌아보기(Reflecting Back)

첫 번째 단계는 수퍼비전에서 발생하는 일반적인 주요 사건(예: 기술 곤란 문제 해결)에 익숙해진 후 실제 수퍼비전 작업에서 발생한 주요 사건의 유형을 되돌아보는 것이다. 예를 들어, 이전 세션에서의 사건 유형이 기술 곤란으로 판단이 되고, 게슈탈트의 두 의자 기법을 익히는 것을 돕는다면, 수퍼바이저는 사건 전과 사건 중에 수퍼바이지와의 수퍼비전 작업 동맹의 강도에 대해 먼저 생각할 수 있다. 이를 위한 보조 수단으로, 수퍼바이저는 수퍼비전 작업 동맹 척도(Ladany et al., 2008)를 사용할 수 있다. 각 항목에 대한 응답은 수퍼바이저가 특정 수퍼바이지와의 동맹과 관련하여 무엇에 주의를 기울여야 하는지를 고려하는 데 도움이 될 수 있다. 다음으로, 수퍼바이저는 사건의 시작을 알리는 지표를 발견하려는 시도를 해볼 수 있다(예: 수퍼바이지가 게슈탈트 두 의자 기법을 수행하는 방법을 물었다. 왜냐하면 그는 그것이 그의 내담자들 중 한 명에게 도움이 될 수 있다고 생각했기 때문이다). 그런 다음 수퍼바이저는 해당 사건 동안 발생한 상호작용 시퀀스의 유형을 고려해본다(〈도표 1.1〉이 참조 포인트를 제공함). 상호작용 시퀀스는 사례 노트 또는 기록된 수퍼비전 세션의 리뷰에서 확인할 수 있다.

상호작용 시퀀스가 확인되면 수퍼바이저는 사용된 시퀀스와 우리 모델에서 각각의 주요 사건들에 대해 전형적으로 간주되는 시퀀스를 비교할 수 있다. 불일치되는 시퀀스는 이미 사용되었을 수 있는 상호작용 시퀀스를 가리킬 수 있다. 마지막으로, 수퍼바이저는 동맹과 수퍼바이지의 인식, 지식, 기술 면에서 그 사건이 어느 정도 해결되었는지 숙고할 수 있다. 예를 들어, 수퍼바이저는 게슈탈트 두 의자 기법에 대한 지식을 상당히 증가시켰지만, 부분적으로만 해결된 사건, 즉 제한적인 기술만을 보여줄 수 있다. 이는 수퍼비전 결과를 보다 폭넓게 볼 수 있도록 한다(Ladany, Walker, Pate-Carolan, & Gray Evans, 2008). 이러한 전체적인 분석에 기초하여 수퍼바이저는 이후 수퍼비전 세션에서 수퍼바이지를 지원하는 방법을 고려할 수 있다.

미리 예측하기(Reflecting Forward)

두 번째 접근은 다양한 주요 사건을 예측하고 필요한 구성 요소를 확인하는 것이다. 이러한 접근 방식이 수퍼비전 워크샵에서 특히 유용하다는 것을 알게 되었다. 예를 들어, 우리는 종종 치료 세션의 일부를 보여주며 참가자들에게 수퍼바이저의 역할을 맡아 다음 수퍼비전 세션에서 발생할 수 있는 주요한 사건을 파악하도록 요청한다. 잠재적 지표를 확인한 다음 효과적일 수 있는 상호작용 시퀀스를 확인하도록 한다. 마지막으로, 잠재적인 사건 해결의 유형과 범위를 고려하도록 한다. 참가자에게 〈그림 5.1〉을 제공하고 그림의 구성 요소를 채우도록 요청할

그림 5.1 주요 사건 모델에서 수퍼바이저 훈련을 위한 템플릿

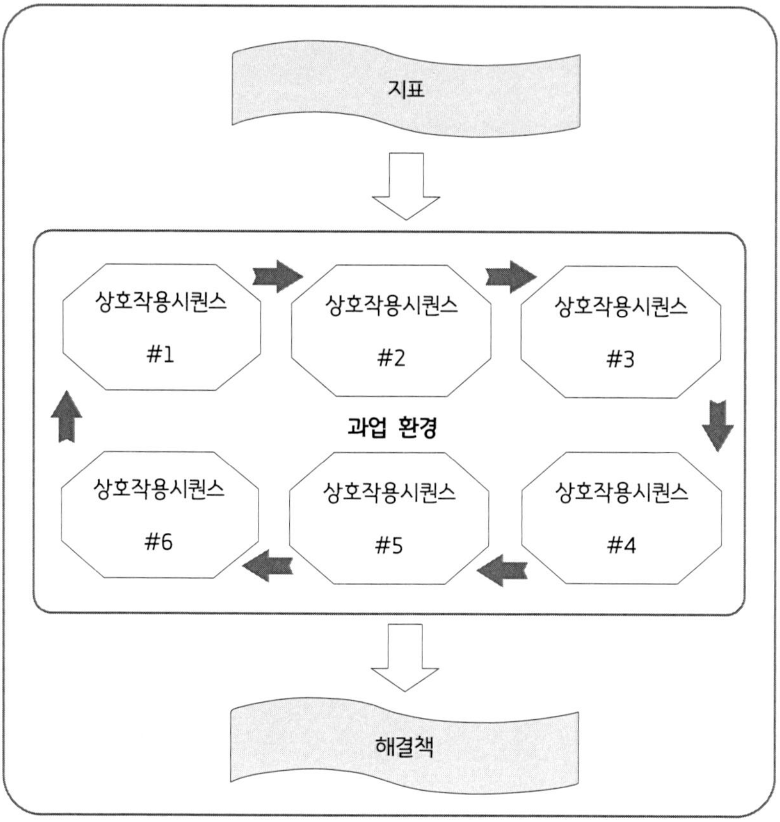

수 있다. 또 다른 학습 옵션은 앞에서 설명한 지원 비디오를 사용하는 것이다. 이 비디오에서는 주요 사건 모델이 라이브 수퍼비전 사례와 함께 설명된다.

'주요 사건 모델'의 연구

주요 사건 모델의 개발은 수퍼비전에서 경험적으로 나타난 것이다. 전통적으로 모델의 개발과 검증은 두 가지 접근 방식을 사용한다(Greenberg, 1983, 1986; Greenberg, Heatherington, & Friedlander, 1996). 첫째, 학자는 이론적, 경험적 뒷받침이 있는 인식 가능한 과제를 선별한다. 수퍼비전 연구 문헌의 예를 들면, 다문화 인식을 높이는 '다문화 중요성에 대한 인지'는 상당한 지지를 얻고 있다. 이러한 문헌을 기반으로 개념적 모델이 만들어진다. 우리가 선별한 다양하고 많은 사건을 발견하는 데 이 접근방식을 사용했다.

그리고 두 번째 접근방식은 합리성과 경험적인 것을 사용하는 것이다(Greenberg et al., 1996). 이 접근 방식에서 우리는 과업 환경에서 중요한 상호작용 시퀀스를 인식하고, 성공 또는 실패 사건의 샘플에 대한 집중적인 연구를 기반하여 귀납적으로 도출했다. 우리의 저서(Ladany et al., 2005)에서는 연구자들이 질적, 양적 방법을 사용하여 다양한 주요한 사건들을 시험하기 위해 합리적이고 경험적인 접근법을 사용할 것을 제안했다. 이 연구를 통해 모델을 더 개선할 수 있다. 우리 모델이 테스트된 방법의 좋은 예는 버치(Bertsch)의 연구진(2014)이 수행한 연구로, 버치의 연구진은 성별과 관련된 주요 사건 및 결과와의 연관성을 조사했다. 이들은 상호 작용 시퀀스 중 네 가지(심리치료 과정에 초점 맞추기, 감정 탐색하기, 기술에 초점 맞추기, 자기효능감에 초점 맞추기)가 사건의 해결 정도(즉 자기인식, 기술, 수퍼비전 동맹)와 범위와 관련이 있다는 것을 발견했다. 하지만 지식과는 관련이 없음을 발견했다. 이 연구는 주요 사건 모델을 연구하는 데 중요한 접근 방법을 제공한다.

주요 사건 모델을 연구한 또 다른 예는 셰이퍼와 프리드랜더(2015)가 수행한 연구이다. 이 연구에서는 11개의 상호작용 시퀀스 중 5개의 사용에 대해서 수퍼바이지가 어떻게 인식하는지 측정하는 관계 행동 척도가 개발되었다. 5개의 상호작용 시퀀스에 초점을 맞춘 것은 상호작용 시퀀스들 중 가장 대인관계적인 것을 선별하려던 저자의 바람에 기초했다. 수퍼바이지의 관계 시퀀스에 대한 인식과 수퍼비전 동맹 및 수퍼바이저에 대한 평가의 연관성에 대한 연구결과가 이 측정을 경험적으로 지지한다. 우리는 향후 연구자들이 합리적이고 경험적인 접근법을 사용하여 주요 사건 모델의 적절성을 지속적으로 탐색할 것을 권장한다.

2장의 역할 갈등과 모호한 사건에 대해, 우리는 감정 탐색하기와 수퍼비전 동맹에 초점 맞추기가 성공적인 해결을 이끌어낼 수 있는 두 가지 중요한 상호작용 시퀀스라고 언급했다. 수퍼비전 작업의 실제 데이터를 사용하여, 연구진들은 성공적이거나 성공적이지 못한 역할 갈등 및 모호성 사건을 비교하여 가장 두드러진 상호작용 시퀀스의 유형과 순서를 결정할 수 있을 뿐만 아니라 그것들이 선험적 모델과 일치하는지 확인할 수 있었다. 만약 더 큰 표본을 사용하면 모델의 효율성에 대한 추가 증거를 제공할 수 있겠다. 요약하자면, 향후 연구자들은 이러한 접근 방식을 사용하여 우리의 모델이 얼마나 잘 작동하는지 확인하고 새로운 모델을 발견하여 추가할 수 있을 것이다.

결론

우리는 우리의 모델이 경험 많은 수퍼바이저와 일반 수퍼바이저에게 이론적이고 경험적인 정보를 제공하고, 임상적으로 매력적이며 실용적인 모델로 교육되길 희망한다. 우리는 독자들이 이 모델을 연구하고, 임상 경험을 통해서 발전시켜, 모델이 더 개선되는 데 도움을 줄 것을 권한다.

유용한 자료들

주요 사건 수퍼비전 모델에 대한 이해를 더욱 키우는 데 관심이 있는 사람들을 위해, 우리는 이 자료들의 내용에 대한 간단한 설명과 함께 다음 자료 목록을 제공한다.

Ekstein, R., & Wallerstein, R. S. (1958). *The teaching and learning of psychotherapy*. New York, NY: Basic Books.

위의 책은 병렬과정과 같은 개념을 포함하여 수퍼비전에 대한 통찰을 제공하는 중요한 수퍼비전 저서이다.

Ladany, N., & Friedlander, M. L. (2014). Sex and gender in professional psychology and training in professional psychology and training. In B. Johnson & N. Kaslow (Eds.), *Oxford handbook of education and training in professional psychology* (pp. 419–436). New York, NY: Oxford University Press.

위의 책은 수퍼비전과 훈련에 대한 성별의 역할을 구체적으로 살펴보았다.

Ladany, N., Friedlander, M. L., & Nelson, M. L. (2005). *Critical events in psychotherapy supervision: An interpersonal approach.* Washington, DC: American Psychological Association.

위의 저서는 심리치료 수퍼비전 모델에서 주요 사건들을 심층적으로 살펴보고, 주요 사건의 전체 범위를 설명하고 모델을 연구할 수 있는 방식으로 확장한 내용이 담겨있다.

Ladany, N., Hill, C. E., Corbett, M. M., & Nutt, E. A. (1996). Nature, extent, and importance of what psychotherapy trainees do not disclose to their supervisors. *Journal of Counseling Psychology, 43*, 10－24.

위의 자료는 수퍼바이지가 수퍼바이저에게 말해주지 않는 의미 있는 비밀에 대한 임상에서의 예를 제공해 준, '수퍼바이지의 비공개'에 대한 조사 연구이다.

Ladany, N., & Inman, A. G. (2012). Training and supervision. In E. M. Altmaier, J. C. Hansen, E. M. Altmaier, & J. C. Hansen (Eds.), *The Oxford handbook of counseling psychology* (pp. 179－207). New York, NY: Oxford University Press. A recent review of the counseling and psychotherapy supervision literature.

Ladany, N., & Walker, J. A. (2003). Supervision self－disclosure: Balancing the uncontrollable narcissist with the indomitable altruist. *Journal of Clinical Psychology, 59*, 611－621.

위의 자료는 수퍼바이저의 자기 노출 모델을 제공한다.

Ladany, N., Walker, J. A., Pate-Carolan, L., & Gray Evans, L. (2008). *Practicing counseling and psychotherapy: Insights from trainees, clients, and supervisors*. New York, NY: Routledge.

위의 책은 상담 및 심리치료의 과정 및 성과 변인과 관련된 수퍼비전의 과정, 실습생 및 지도교수용 가이드북을 제공한다.

Olk, M., & Friedlander, M. L. (1992). Role conflict and ambiguity in the supervisory experiences of counselor trainees. *Journal of Counseling Psychology, 39*, 389-397.

역할 갈등과 모호성에 대한 개념화와 척도 타당화의 내용을 제공한다.

Bertsch, K. N., Bremer-Landau, J. D., Inman, A. G., DeBoer Kreider, E. R., Price, T. A., & DeCarlo, A. L. (2014). Evaluation of the critical events in supervision model using gender related events. *Training and Education in Professional Psychology, 8*, 174-181.

수퍼바이저들을 대상으로 한 위의 질적 연구에서 주요 사건 모델에 대해 지지하는 근거가 보고되었으며, 이 연구는 주요 사건 동안 수퍼바이저들이 사용한 4가지 종류의 성 관련 주요 사건(성차별, 성 정체성, 매력 및 권력 역동)과 특정 상호작용 시퀀스(예: 감정에 대한 탐색)의 관계를 밝혀냈다. 성차별에 관련한 주요 사건만이 낮은 수퍼비전 동맹과 관련이 있는 것으로 나타났다.

Friedlander, M. L. (2012). Therapist responsiveness: Mirrored in supervisor responsiveness. *The Clinical Supervisor, 31*, 103–119.

이 연구는 수퍼바이지와 그들의 내담자의 지속적으로 변화하는 요구에 대한 수퍼바이저의 대응력 관점에서 치료 관계와 수퍼비전 관계의 얽힘을 설명한다. 대응력은 한 내담자에게는 매우 효과적이었지만 다른 내담자에게는 그러지 못했던 수퍼바이지에 대한 수퍼바이저의 접근 방식으로 설명된다.

Friedlander, M. L. (2015). Use of relational strategies to repair alliance ruptures: How responsive supervisors train responsive therapists. *Psychotherapy, 52*, 174–179.

이 글은 수퍼바이지가 내담자와의 치료 동맹에 대한 불화를 경험할 때의 주요 사건 모델을 사용한 수퍼바이저의 대응을 논의하고 설명한다. 또한 수퍼바이지의 위기에 대해 수퍼바이저의 대응의 실패가 수퍼비전 동맹 내에서 어떻게 불화로 발전할 수 있는지를 보여준다.

Friedlander, M. L., Blanco, S., Bernardi, S., & Shaffer, K. S. (in press). Empowering female supervisees: A feminist, multicultural and relational perspective. In M. Keitel & M. Kopala (Eds.), *Handbook of counseling women* (2nd ed.). Thousand Oaks, CA: Sage Publications.

위의 글에서는 여성주의, 다문화 및 관계적 틀을 가진 작업 내에서 운영되는 수퍼비전이 주요 사건 모델의 상호작용 전략을 사용하여 개인 및 그룹 수퍼비전 모두에서 여성 수퍼바이저에게 권한을 부여할 수 있는 방법을 설명한다. 수퍼바이저의 성별에 대한 최근 문헌 요약에서는 성별 사건에 대한 두 가지 주요 사건 연구가 설명되어 있다.

Ladany, N., Friedlander, M. L., & Nelson, M. L. (2005). *Critical events in psychotherapy supervision: An interpersonal approach*. Washington, DC: American Psychological Association.

이 책은 수퍼비전의 주요 사건 모델을 소개하고 광범위한 사례 자료와 대화를 사용하여 일반적으로 발생하는 7개의 주요 사건을 해결하기 위한 과업 분석 방법을 설명한다. 즉, 성별과 관련된 오해를 바로잡고, 다문화 인식을 높이고, 성적 매력과 관련한 이슈를 관리하고, 기술 문제를 해결하고, 역할 갈등을 협상하고, 역전이를 통해 작업하고, 문제가 있는 태도와 행동을 해결한다.

Nelson, M. L., & Friedlander, M. L. (2001). A close look at conflictual supervisory relationships: The trainee's perspective. *Journal of Counseling Psychology*, *48*(4), 384–395. http://dx.doi.org/10.1037/0022-0167.48.4.384

저자들은 부정적인 수퍼비전 경험에 대해 조사했다. 그들이 발견한 것 중에, 수퍼바이지들의 가장 부정적인 수퍼비전 경험은 수퍼비전 관계에 에너지를 쏟지 않고 역할 갈등에 노력할 의향이 없는 수퍼바이저와 관련된 것으로 나타났다. 수퍼바이지들은 이러한 경험의 결과로 상당한 스트레스와 자기 의심을 경험했다. 마지막으로, 수퍼바이지들은 이러한 어려운 시기 동안 동료들이나 그들의 상담사들로부터 지지를 받았다.

Shaffer, K. S., & Friedlander, M. L. (in press). What do "interpersonally sensitive" supervisors do and how do supervisees experience a relational approach to supervision? *Psychotherapy Research*.

이 글에서의 두 연구는 주요 사건 모델 내에서 11개의 상호작용 시퀀스 중 가장 관계적인 특성의 5가지 시퀀스에 대한 수퍼바이지의 인식을 평가하는 관계적 행동 척도를 소개한다. 감정 탐색하기, 심리치료 과정에 초점 맞추기, 역전이에 초점 맞추기, 병렬과정에 참여하기 및 수퍼비전 동맹에 초점 맞추기와 같은 행동을 더 자수 사용하는 것이 특정 세션 내에서 수퍼비전 동맹의 인식과 수퍼바이저의 평가 사이의 관계를 부분적으로 설명한다는 것을 발견했다.

Walker, J. A., Ladany, N., & Pate-Carolan, L. M. (2007). Gender-related events in psychotherapy supervision: Female trainee perspectives. *Counselling and Psychotherapy Research*, *7*, 12-18.

위 글의 저자들은 여성 수퍼바이저가 경험한 지지적 및 비지지적 성 관련 이슈를 조사했다. 가장 일반적인 지지적 성 관련 이슈는 내담자의 사례개념화에서 성별을 통합하는 데 도움을 주는 것과 성 관련된 전이 및 역전이 처리에 도움이 되는 것이었다. 가장 일반적인 비지지적 성 관련 이슈는 수퍼바이저가 훈련 중인 수퍼바이지를 고정관념화하거나 성 관련 사건을 살펴보지 않는 것이었다.

참고문헌

이 QR코드를 스캔하면
"수퍼비전의 필수요소: 주요 사건 수퍼비전 모델(Supervision Essentials for the Critical Events in Psychotherapy Supervision Model)"의
참고문헌을 열람할 수 있습니다.

찾아보기

ㅌ

ㅍ

ㅎ

저자에 관하여

저자 니콜라스 라다니 박사는 샌디에이고 대학의 리더십 및 교육대학의 학장이다. 산타클라라대학교 교육상담심리학부장, 로욜라 메리마운트 대학교 상담프로그램부장, 교육인적서비스학과장, 프로그램 코디네이터, 박사과정 이사 등을 역임했다. 펜실베이니아주 베들레헴에 있는 리하이 대학교에서 심리상담 프로그램을 운영하고 있으며 템플 대학교와 메릴랜드 대학교, 칼리지 파크에서 교수로 재직하고 있다. 1992년 올버니 대학교에서 박사학위를 받았다. 라다니 박사는 80여 편의 출판물을 보유하고 있으며 상담 및 심리치료 수퍼비전 및 훈련 분야에서 20여 개국에서 240여 건의 국내외 발표를 하였다. 특히 그의 주요 연구 관심사와 활동에는 작업 동맹, 자기 개방 및 비공개, 다문화 훈련, 윤리, 사회정의 등이 포함되어 있다. 그는 심리치료의 부편집장을 지냈다. 이론, 연구, 실습 및 훈련과 상담 심리학 저널, 상담 심리학자와 상담자 교육 및 감독 편집 위원회의 일원으로서. 그는 상담과 심리치료를 포함한 교육생, 내담자 및 수퍼바이저의 통찰력, 심리치료 수퍼비전에서 주요 사건, 대인접근법 및 상담 수퍼비전(4판) 등의 책을 출판했다.

작가 미나 L. 프리드랜더 박사는 1999년부터 2016년까지 뉴욕 주립 대학교 올버니 대학의 상담심리학 박사 과정 교수였다. 그녀는 35년 이상 석박사 학생들을 감독했고, 주로 심리치료와 수퍼비전 과정과 관련된 여러 자기 보고 도구와 관찰 코딩 시스템을 포함한 140개 이상의 책과 저널 기사를 출판했다. 2006년에 경험에 입각한 실무 지침서인 부부 및 가족의 작업 동맹을 공동 집필했다. 미국심리학회 소속인 프리드랜더 박사는 6개 저널의 편집위원으로 활동했으며 올버니 대학, 미국심리학회, 미국가족치료협회로부터 평생 연구에 기여한 공로로 상을 받았다. 뉴욕주의 면허가 있는 심리학자로서 그녀는 30년 이상 독립적인 업무를 해왔다.

마리 리 넬슨 박사는 은퇴 이후 미주리 대학교에서 겸임 교수로 재직하고 있다. 그녀는 이전에 미주리 세인트 루이스 대학교에서 상담 및 가족 치료의 초빙 교수였다. 위스콘신 메디슨 대학교의 상담심리학과 교수이자 학과장, 워싱턴 대학교 교육 심리학 상담 부교수, 오리건 대학교, 워싱턴 대학교, 미주리 세인트 루이스 대학교에서 학생 상담 서비스의 직원 심리학자로 근무했으며 워싱턴 주 시애틀에서 개인상담소를 운영했다. 그녀는 현재 미주리 주에서 공인 심리학자로 있다. 넬슨 박사는 20년 이상 수퍼비전 대인관계 과정에 대한 연구를 수행하고 논문을 발표했다. 그녀는 Counseling Psychologist, Psychotherapy Research, The Clinical Supervisor, Journal of Counseling and Development의 편집 위원회에서 활동했다.

역자 소개

신성만 (현) 한동대학교 상담심리학과 교수

주요 경력

현) 한동대학교 상담대학원 대학원장
현) 한국중독상담학회 학회장
전) 하버드 의대 케임브리지병원 정신과 연구원

주요 저서 및 논문

역서: 불안장애를 위한 동기강화상담, 정신재활, 실존치료, 중독상담, 용서치료

김향미 (현) 김천대학교 상담심리학과 교수

주요 경력

현) 한국상담학회 1급 수퍼바이저
현) 한동대학교 상담대학원 외래교수
현) 한국중독상담학회 사례연구위원장
현) 한국상담학회 대구경북상담학회 총무이사

주요 저서 및 논문

저서: 최신 상담 및 심리치료의 이론과 실제, 실존치료

추교현 (현) 김천대학교 상담심리학과 교수

주요 경력

현) 한국중독상담학회 자격관리위원장
현) 한국상담학회 대구경북상담학회 교육연수위원장
현) 한동대학교 상담대학원 외래교수
현) (주)마인드메이트 대표
전) 선린대학교 겸임교수

주요 저서 및 논문

저서: 최신 상담 및 심리치료의 이론과 실제, 실존치료

이영희 (현) 토닥토닥심리상담센터 센터장

주요 경력

현) 한국상담학회 1급 수퍼바이저
현) 한동대학교 외래교수
현) 대구사이버대학교 상담심리학과 외래교수
현) 대구광역시 중구청 통합사례관리 심리상담 분야 자문위원

주요 저서 및 논문

저서: 최신 상담 및 심리치료의 이론과 실제, 실존치료

수퍼비전의 필수요소: 주요 사건 수퍼비전 모델
Supervision Essentials for
the Critical Events in Psychotherapy Supervision Model

초판발행 2025년 6월 10일

지은이 Nicholas Ladany · Myrna L. Friedlander · Mary Lee Nelson
옮긴이 신성만 · 김향미 · 추교현 · 이영희
펴낸이 노 현

편 집 전채린 · 김다혜
표지디자인 BEN STORY
제 작 고철민 · 김원표

펴낸곳 ㈜ 피와이메이트
서울특별시 금천구 가산디지털2로 53, 210호(가산동, 한라시그마밸리)
등록 2014. 2. 12. 제2018-000080호
전 화 02)733-6771
f a x 02)736-4818
e-mail pys@pybook.co.kr
homepage www.pybook.co.kr
ISBN 979-11-6519-357-7 93180

정 가 17,000원

박영스토리는 박영사와 함께하는 브랜드입니다.